회계의 이해

고 성 삼 저

사단법인 한국경영지도연구원

머리말

　현대 사회생활을 하는 데 있어서 우리들은 여러 가지 경제적 사실에 직면하고 있습니다. 이러한 경제적 사실에 직면하여 보다 합리적이고도 효과적으로 사회생활을 하기 위해서는 계수에 대한 능력과 회계사실에 대한 이해능력을 가져야 함은 누구나 다 인정하고 있는 사실이기도 합니다.
　그러나, 모든 사람들이 회계에 대한 기본지식을 필요로 하면서도 회계는 "무조건 어렵다."는 선입견을 가지고 지레 겁을 먹고 회계에 대하여 감히 접근해 보려고도 하지 않는 경우를 많이 보고 있습니다.
　더욱이 대학의 경영 및 경상계열 학과에서 회계를 처음 배우게 되는 학생들도 이러한 선입견을 가지고 회계공부에 임하는 경우를 보게 되는 데에 놀라움을 금치 못하고 있습니다.
　본서는 과거 30여년간 대학에서 회계원리를 강의한 경험들을 기초로 회계에 대한 기본적인 개념들을 알기 쉽도록, 학교에서 직접 강의를 듣지 않고도 혼자 공부하며 이해할 수 있도록 될 수 있는대로 쉽게 접근하고자 노력하였습니다.
　본서에서 회계학의 기본개념들을 이해하였다면 본인이 저술한 회계학원리, 회계감사 등의 책을 계속 공부하면 많은 성과가 있으리라 봅니다.

그러나, 아직도 여러 가지로 부족한 점이 많으리라 생각됩니다. 이러한 미비점은 독자 여러분의 지도와 편달을 바탕으로 계속 수정 보완해 나갈 것을 약속드립니다.

아무쪼록 독자 여러분과 가정 위에 하나님의 은총이 함께 하시기를 기원해 마지 않습니다.

2007년 2월
흑석동 명수대 연구실에서
저자

新訂 序文

　본서가 초판이래 회계학계의 변화가 많았다. 기업회계기준과 국제회계기준의 도입 등 많은 변화가 있었으나, 회계의 기본내용은 대차대조표(재무상태표) 등 몇 가지 용어의 변화를 제외하고는 커다란 변화가 없었다.
　이러한 변화를 반영하여 신정판을 출간하게 되었다.

　독자여러분의 변함없는 애독을 기대한다.

2022년 7월
여의도 연구실에서
저자

차 례 ··· 회계의 이해

제1장 회계란 어떤 것인가?

제 1 절 회계와 그 기능 ·· 13
1. 회계란 무엇인가? / 13
2. 회계의 기능 / 14
3. 회계감사와 공인회계사 / 17

제 2 절 회계의 발달 ·· 20
1. 회계의 역사 / 20
2. 현대 회계의 특징 / 22

제2장 회계에는 원칙이 있다

제 1 절 회계원칙과 그 필요성 ····································· 27
1. 왜 원칙이 필요할까? / 27
2. 어떤 원칙이 있을까? / 28

제 2 절 일반원칙은 7개가 있다 ··································· 31
1. 신뢰성의 원칙 / 31
2. 명료성의 원칙 / 33
3. 충분성의 원칙 / 37
4. 계속성의 원칙 / 38
5. 중요성의 원칙 / 41
6. 안전성의 원칙 / 42
7. 실질성의 원칙 / 44

제3장 기업의 재무상태(1) - 자산

제1절 자산의 의의와 분류·평가 ·· 51
1. 자산이란 무엇일까? / 51
2. 자산의 분류 / 52
3. 자산의 평가 / 54

제2절 유동자산(1) - 당좌자산 ·· 59
1. 유동자산의 분류 / 59
2. 당좌자산이란 무엇인가? / 60
3. 당좌자산에는 어떤 것이 있을까? / 61
4. 기타유동자산 / 65
5. 선급비용이 왜 자산일까? / 67
6. 당좌자산의 평가 / 69

제3절 유동자산(2) - 재고자산 ·· 75
1. 재고자산이란 무엇인가? / 75
2. 재고자산에는 어떤 것들이 있는가? / 76
3. 재고자산의 취득원가 / 80
4. 재고자산의 원가배분 / 81
5. 재고자산의 출고액 / 81
6. 재고자산과 기말재고 / 93

제4절 비유동자산(1) - 투자자산 ·· 108
1. 고정자산의 의의와 분류 / 108
2. 투자자산과 기타 비유동자산 / 108
3. 기타 비유동 자산 / 110
4. 투자자산의 평가 / 111

제 5 절 비유동자산(2) – 유형자산 ·· 113
    1. 유형자산이란 무엇인가? / 113
    2. 유형자산에는 어떤 것들이 있는가? / 113
    3. 유형자산의 취득원가 / 115
    4. 자본적지출과 수익적지출 / 116

제 6 절 비유동자산(3) – 무형자산 ·· 119
    1. 법률상의 권리 / 119
    2. 영업권 / 122
    3. 법률상 권리의 취득원가 / 122
    4. 영업권의 대가 / 122

제 7 절 비유동자산(4) – 감가상각 ·· 125
    1. 감가상각이란 무엇인가? / 125
    2. 감가상각은 왜 필요한가? / 125
    3. 감가의 발생원인 / 126
    4. 감가상각의 계산방법 / 127
    5. 감가상각의 표시법 / 131

제4장 기업의 재무상태(2) – 부채와 자본

제 1 절 부채와 그 분류 ·· 137
    1. 부채란 무엇인가? / 137
    2. 부채의 분류 / 138
    3. 유동부채에는 어떤 것들이 있는가? / 138
    4. 비유동부채에는 어떤 것들이 있는가? / 145

제 2 절 자본과 그 분류 ……………………………………… 150
　　　　1. 자본이란 무엇인가? / 150
　　　　2. 주식회사의 자본 / 151
　　　　3. 자본금 / 152
　　　　4. 잉여금 / 154
　　　　5. 자본잉여금 / 155
　　　　6. 이익잉여금 / 156
　　　　7. 자본 조정 / 160
　　　　8. 자본의 충실 / 164

제 3 절 대차대조표 ………………………………………… 169
　　　　1. 대차대조표란 무엇인가? / 169
　　　　2. 대차대조표 작성기준 / 170
　　　　3. 대차대조표의 형식 / 174
　　　　4. 대차대조표의 작성방법 / 177

제5장　기업의 경영성적 – 손익계산

제 1 절 손익계산과 그 방법 ……………………………… 183
　　　　1. 손익이란 무엇인가? / 183
　　　　2. 손익의 계산방법 / 183

제 2 절 손익계산의 원칙 …………………………………… 186
　　　　1. 왜 원칙이 필요한가? / 186
　　　　2. 어떤 원칙이 있는가? / 187

제 3 절 손익의 분류 ··· 194
  1. 수익의 분류 / 195
  2. 비용의 분류 / 196
  3. 당기업적주의와 포괄주의 / 197

제 4 절 손익계산서의 형식 ··· 198
  1. 계정식 / 198
  2. 보고식 / 199

제6장 기업의 손익처분

제 1 절 이익잉여금처분계산서 ····································· 205
  1. 순이익의 처분 / 205

제 2 절 결손금처리계산서 ··· 209

제7장 기업의 현금흐름

제 1 절 현금흐름표의 의의와 목적 ······························· 215
  1. 현금흐름표란 무엇인가? / 215
  2. 현금흐름표의 작성 목적 / 216

제 2 절 현금의 개념과 현금흐름표의 구조 ···················· 218
  1. 현금의 개념 / 218
  2. 현금흐름표의 구조 / 219
  3. 현금흐름의 구분 / 221

제8장　기업의 자본 변동

　　제 1 절　자본변동표의 의의와 목적 ·································· 227
　　　　1. 자본변동표란 무엇인가 / 227
　　　　2. 자본변동표의 작성목적 / 227

　　제 2 절　자본변동표의 기본구조 ······································ 229
　　　　1. 자본변동표의 기본 구조 / 229

　　제 3 절　자본변동표의 구성 ·· 231
　　　　1. 자본변동표의 구성 / 231

제9장　재무분석과 의사결정

　　제 1 절　재무분석의 개요 ·· 237
　　　　1. 재무분석이란 무엇인가? / 237
　　　　2. 재무분석의 한계 / 238
　　　　3. 재무분석 방법의 분류와 체계 / 240

　　제 2 절　백분비 재무제표의 분석 ···································· 242
　　　　1. 수평적 분석 / 242
　　　　2. 수직적 분석 / 244

　　제 3 절　비율 분석 ··· 247
　　　　1. 유동성 비율 / 250
　　　　2. 레버리지 비율 / 253
　　　　3. 수익성 비율 / 256

    4. 활동성 비율 / 260
    5. 성장성 비율 / 261

  제 4 절 원가 - 조업도 - 이익 분석 ·································· 264
    1. 원가-조업도-이익 분석의 의의 / 264
    2. 손익분기점의 계산방법 / 265

제10장 감사보고서

  제 1 절 감사보고서의 의의와 본질 ································ 272
    1. 감사보고서란 무엇인가? / 272
    2. 감사인이란? / 272
    3. 감사보고서의 구성형식 / 273
    4. 감사보고서의 내용을 결정하는 요인 / 278

  제 2 절 감사보고서의 종류 ·· 283
    1. 적정의견 보고서 / 283
    2. 한정의견 보고서 / 285
    3. 부적정의견 보고서 / 288
    4. 의견거절 보고서 / 290

부 록 재무제표 양식 ·· 295

제1장
회계란 어떤 것인가?

회계란 기업의 경영활동에 있어서 금전 및 기타 재산의 증감 변화를 일으키는 경제적 사건(economic essence of events) 을 특수한 기장방법에 의하여 장부에 기록하고 계산하여 그 결과인 경영성과와 재무상태를 다양한 이해관계자(정보이용자)들에게 제공하여 그들이 적절한 판단과 의사결정을 할 수 있도록 도와주는 과정이라 할 수 있습니다.

제1절 | 회계와 그 기능

▶ 회계란 무엇인가를 알아본다
▶ 회계의 기능을 알아본다

01 회계란 무엇인가 ?

여러분이 배우고자 하는 회계라는 것은 어떤 것일까? 먼저 이 점에서부터 시작하기로 합시다. 우리들이 식당에서 식사를 한 후, 카운터에서 "회계(계산) 부탁합니다."라는 말을 하지만 이 경우의 회계란 식대를 지불하는 의미로 쓰이고 있지요. 또, 중학교나 고등학교의 학급회의 또는 대학의 각종모임 등에는 대개 회계를 담당하는 학생이 있어 과제물이나 회비 등의 수금에 관계하고 있습니다. 이 경우의 회계는 단순히 돈의 출납사무의 의미를 갖습니다.

이와 같이 회계라고 하는 말은 일상생활 가운데에서도 자주 쓰이고 있듯이, 그 때 그 때마다 여러 가지 의미로 사용되고 있는 것 같습니다. 그러나, 이 책은 가족생활이나 학교생활을 취급하는 것이 아니라 기업의 경영활동을 대상으로 하고 있습니다. 그럼 지금부터 "회계(會計, accounting)"에 관해서 알아보도록 할까요?

기업은 공적인 기관으로서의 책임상 경영활동은 모두 빠짐없이 장부에 계상하고 경영성과와 재무상태를 나타내는 재무제표를 작성하도록 의무화되어 있습니다. 따라서, 적절한 재무제표를 작성하기 위해서는 이를 뒷받침할 원리를 연구할 필요가 있습니다. 이와 같이 적절한 회계처리를 행하고 재무제표를 작성하기 위해 장부에 기록하는 방법 등 회계의 원리를 연구하는 것, 그것이 회계인 것입니다.

여기서 잠깐, 회계와 부기와의 관계에 관해 살펴봅시다.
부기(簿記, book keeping)라는 것은 앞에서 말한 기장처리의 기술을 말하는 것이며, 회계란 부기(기장기술)의 원리를 연구하고 분석하여 유용한 회계정보를 모든 정보이용자에게 제공하는 모든 과정을 포함하는 것이라 할 수 있습니다. 즉, 회계란 부기에 대하여 이러 저러한 방법으로 장부에 기록하라고 지시를 내리고, 그것을 받아 부기는 회계의 지시를 충실히 지키면서 실제로 장부에 기록을 해 나가는 것입니다. 이 회계와 부기와의 관계를 뱃사람에 비유하면 회계는 선장에 해당됩니다. 선장이 항로를 결정하고 조타수에게 항로를 지시하는 것과 같이 회계는 부기에게 기장방법을 지시합니다. 반면에 부기는 조타수에 해당됩니다. 조타수가 선장의 지시대로 실제로 키를 잡는 것처럼 부기는 회계의 지시에 따라 실제의 기장업무를 담당하는 것이지요. 그러나 부기와 회계를 동일한 개념으로 보는 견해도 많이 있습니다.

02 회계의 기능

회계란, 보다 적절한 회계처리를 행하기 위해 어떻게 해야 좋을지 그를 위한 회계원리를 연구하는 것입니다. 이제, 회계란 무엇인지 알아보았으니 이번에는 회계가 기업을 위해 어떤 기능을 수행하는 가에 대해 배워보기로 합시다.

1. 이해관계자에게 정확한 회계정보를 알린다

회계의 가장 첫 번째 기능은 기업의 이해관계자에 대하여 올바른 회계정보를 알리는 것입니다. 기업의 이해관계자에는 주주·채권자·세무당국·종업원 등 많은 사람이 있습니다만, 이 사람들에 대하여 올바른 회계정보를 알리는 것은 기업의 중요한 의무입니다. 만약 정확하지 않은 회계정보를 알린다면 보고를 받은 사람들의 판단을 혼란시켜 버리게 되어, 정보이용자에게는 물론 사회에 대해서도 커다란 피해를 끼치게 되고 맙니다. 이와 같이 생각해보면 회계의 기능이 얼마나 중요한지 잘 이해가 되리라 생각합니다.

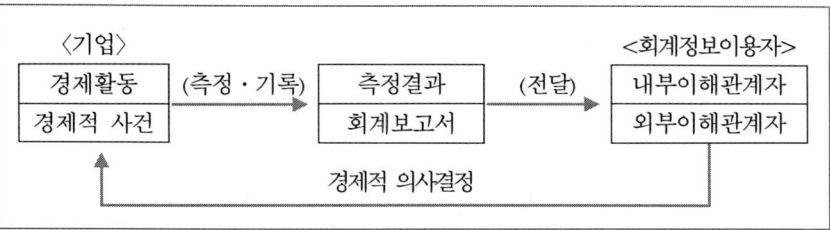

그런데 앞에서 말씀드린 기업의 이해관계자에게 올바른 회계정보를 제공하기 위해서는 회계가 건실하고 정확하지 않으면 안됩니다. 회계가 정확해야만 그 지시를 받는 부기도 적절하게 행해져 그 결과 정확한 회계정보를 얻을 수 있게 되는 것입니다.

2. 기업의 소중한 재산을 지킨다

회계의 기능 그 둘째는 기업이 가지고 있는 소중한 재산을 지키는 것입니다. 기업의 재산에는 현금을 비롯하여 실로 여러 가지가 있습니다만, 이들 소중한 재산을 지키는 것의 중요성에 대해서는 새삼 설명하지 않아도 알 것입니다.

회계는 이처럼 중요한 임무를 담당하고 있기에 회계라는 것이 기업에 있어 얼마나 중요한 역할을 수행하고 있는지를 잘 이해하셨으리라 생각합니다.

그런데 위에서 말한 기업의 소중한 재산을 지키기 위해서는 회계가 정확하지 않으면 안됩니다. 회계가 견실하고 정확해야 그 지시를 받아 부기도 적절히 행해지고, 따라서 기업 재산의 증감을 정확히 기장할 수 있고 그 결과 재산을 지키는 것이 가능하게 되는 것이지요. 만약 회계의 지시를 받고 부기가 적절하게 행해지지 않으면 재산의 증감도 엉터리로 기장되어져 오류나 도난, 사기 또는 위법이나 부정이 만연해져 기업의 재산은 점차 없어져 버리게 되고 맙니다. 대표적인 예가 한보나 기아사태를 들 수가 있습니다. 이들 기업의 최고 경영주가 회계를 엉터리로 하여 소위 비자금을 조성하여 회사재산을 빼돌려 회사는 결국 망하게 된 경우를 볼 수가 있지요.

3. 이익을 늘리는 방법을 알 수 있다

회계의 세 번째 기능은 기업이 더 많은 이익을 내려면 무엇을 어떻게 해야 좋을지를 명확히 해 주는 것입니다. IMF 문제를 보아서도 알 수 있듯이 기업을 둘러 싼 국내외 정세는 험난하기만 하여 기업은 지금 사활을 걸고 밤낮을 가리지 않고 노력을 경주하고 있는 것입니다. 이러한 가운데 살아 남기 위해서는 사장 이하 모든 종업원들이 열심히 일하는 것이 중요하다는 것은 더 말할 나위도 없습니다만 단순히 다짜고짜 노력해도 생각만큼 성과는 오르지 못합니다. 그러면 어떻게 해야 좋을까요?

그러기 위해서는 회계를 무기로 하여 무엇을 어떻게 하면 좋을지를 명확히 찾아내어 이에 근거하여 기업활동을 합리적으로 경영해 나가야 할 것입니다. 그렇게 하면 그냥 다짜고짜 노력하는 것과는 다르게 노력한 성과가 확실히 열매를 맺어 이익을 대폭 늘릴 수 있게 됩니다.

어째서 회계를 무기로 해야 이익이 늘어날까요? 그것은 부기에 의해 작성된 회계자료를 회계의 능력을 이용해 분석하여 기업활동 중 어디에 좋지 않은 점이 있는지 진단할 수 있기 때문입니다. 그리하여 이 진단에 의해 적절한 대책을 세워 효과적인 경영이 가능하게 되는 것입니다.

03 회계감사와 공인회계사

회계감사란 감사인이 회계자료를 검토하여 의견을 표명하는 것과 관련된 문제를 다루는 것입니다. 감사인은 일반적으로 공인회계사가 됩니다. 공인회계사는 재무제표를 검토할 때 회계원칙과 회계감사기준에 따라 감사하여 전문가의 입장에서 합격·불합격의 의견을 표명하게 됩니다.

그러면 공인회계사(Certified Public Accountants : C.P.A.)란 무엇인가요? 공인회계사는 다른 사람의 위촉에 의하여 회계에 관한 각종의 업무, 즉 재무서류에 관한 감사, 감정, 증명, 재무 또는 경영에 관한 조사, 입안, 계산, 상담, 회사설립에 관한 회계와 세무대리 등을 주업무로 하는 회계에 대한 전문직업인을 말합니다. 오늘날 기업규모의 대규모화·다양화 등에 따라서 기업의 소유와 경영의 분리, 기업을 둘러싼 각종 이해관계자 집단의 이해대립 등의 현상에 따라 공인회계사의 역할이나 책임이 한층 강조되고, 또 중요시되고 있습니다.

공인회계사는 자본주의의 파수꾼이라고 불리워지기도 하며, 공인회계사의 자격을 얻기 위해서는 1·2차로 치루어지는 엄격한 시험에 합격을 해야만 합니다. 1차 시험은 객관식에 의하고, 2차 시험은 주관식에 의하여 행하여집니다.

제 1 차 시험과목	회계학(회계원리와 회계이론원가 및 관리회계) 경영학 경제원론	상법(어음·수표법 포함) 세법개론 영　어
제 2 차 시험과목	재무회계 원가회계 회계감사	세　법 재무관리

공인회계사 시험에 응시하기 위해서는 대학 및 학점인정, 독학에 의한 학위취득에 관한 법률에 의하여 회계학 및 세무관련 과목 12학점, 경영학 과목 9학점, 경제학 과목 3학점을 이수하여야 합니다. 또한, 영어과목은 시험공고일로부터 2년 이내에 실시된 토익이나 토플 등 다른 시험기관의 시험에서 취득한 성적으로 대체하도록 하고 있습니다.

요점정리

1. 회계란 무엇인가

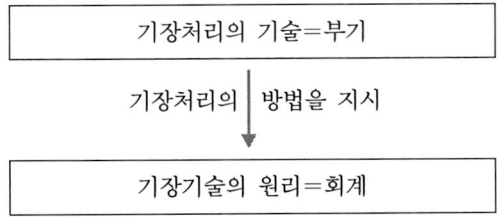

2. 회계의 기능
   - 이해관계자에게 정확한 회계정보를 알린다 ⇨ 보고목적
   - 기업의 소중한 재산을 지킨다 ⇨ 관리목적
   - 이익을 늘릴 수 있는 방법을 알 수 있다 ⇨ 관리목적

사랑에 대하여 생각하고 사랑에 대하여 이야기하고
또 사랑을 꿈꾸기는 무척 쉬운 일이다. 하지만 사랑을 깨닫기란
사랑을 하고 있는 그 순간에도 그리 쉬운 일이 아니다.

제2절 | 회계의 발달

▶ 회계가 발달해 온 역사를 안다
▶ 현대 회계의 특징을 안다

01 회계의 역사

 이번에는 회계의 역사를 알아보도록 합시다. 역사라고 하면 여러분은 어떤 것을 생각합니까? 여러분들 중에는 회계를 공부하고 싶으니 쓸데없는 이야기는 집어치우고 빨리 진도나 나갔으면 하는 생각을 하는 사람도 있을지 모르겠습니다. 하지만 여러분! 여기에서 회계의 역사를 알아 봐 두는 것은 결코 시간을 낭비하는 것도, 쓸데없는 이야기를 하는 것도 아닙니다. 왜냐하면 역사를 뒤돌아보는 것은 단순한 회고적 감상으로 돌아보는 것이 아니기 때문입니다. 회계의 역사를 뒤돌아봄으로써 회계라는 것을 좀 더 깊이 이해할 수 있기 때문입니다.
 그러면 회계의 역사로 들어가겠습니다. 지금까지 이야기했듯이 회계란 부기라고 하는 기장기술의 원리를 연구하는 것이었지요. 이들의 관계부터 살펴보면, 먼저 회계라고 하는 원리가 있고 그것에 기인하여 부기라고 하는 기장기술이 생겼다라고 생각하겠지요? 하지만 실은 그렇지 않고 먼저 이 세상에 태어난 것은 부기였습니다. 부기와 회계에 관해서는 닭이 먼저인가 알이 먼저인가라는 논쟁이 일어날 여지가 없습니다.

그런데, 부기가 처음으로 탄생한 곳은 유럽 이탈리아의 자유도시 베니스입니다. 지금부터 500여년 전인 1494년에 승려이자 수학자였던 루카스 파치오리(Lucas Pcioli)라는 사람이 저술한 「산술, 기하, 비율 및 비례총론」이라는 책에서 부기라는 말이 쓰여지고 있습니다. 당시 이탈리아의 자유도시는 지중해 무역으로 대단히 번창하였고, 그 시절의 상인들은 무역거래를 기록할 필요를 느끼게 되어 장부를 쓰기 시작한 것이지요. 15세기부터 17세기에 걸쳐 이탈리아에서 탄생한 부기는 독일, 네덜란드, 프랑스 등 유럽대륙의 각지로 전해져 갔습니다.

부기는 유럽대륙을 경유하여 영국에 전해졌지만 결국에는 이 땅에서 회계가 탄생하게 됩니다.

여러분도 아시는 바와 같이 영국은 산업혁명이 최초로 일어났던 나라로, 이 산업혁명으로 인해 18세기 후반에 이르러서는 주식회사가 엄청나게 보급되었습니다. 이와 함께, 기업활동을 기장하는 부기는 점점 더 복잡하게 되어, 결국에는 지금까지의 부기 기술만으로는 아무리 해도 대처할 수 없게 된 것입니다. 그 결과 보다 적절한 처리를 하기 위한 기장 원리를 연구하는 회계를 필요로 하게 되어 회계가 탄생한 것입니다. 회계도 역시 부기와 마찬가지로 필요에 의해 탄생한 것이지요.

영국에서 탄생한 회계는 이윽고 미국에 전해졌습니다. 미국에서는 20세기로 들어서면서 부터 대규모의 기업이 차례차례 생겼는데 이에 따라 기업의 사회적 책임의 중요성에 대해서도 강하게 요청되어졌습니다. 그 결과 회계의 영역도 지금까지의 기장기술의 원리를 연구하는 것만으로는 부족하게 되어 회계자료의 연구와 그 분석, 또한 회계감사라는 것까지도 포함하게 된 것입니다.

우리나라에 서양의 복식부기가 도입된 것은 대체로 구한말에 서양의 새로운 문물이 수입되면서 비롯되었습니다. 그러나 우리나라의 경우 이러한 복식부기가 도입되기 전부터 고구려, 신라, 고려, 조선시대에 걸친 천여년간 개성상인들 사이에 "松都四介治簿法(송도사개치부법)"이라는 우리나라 고유의 부기법이 비전(秘傳, secret)되어 왔다고 합니다.

담·아·두·기

차변과 대변
베니스의 금융상인들은 13세기경부터 독특한 장부를 만들어 쓰기 시작했습니다. 거래처별로 장부를 만들어 상대가 빌렸을 때는 차변에, 상대가 빌려주었을 때는 대변에(변제는 각각의 반대쪽에), 이와 같이 이중 기입에 의해 금전의 출납을 double check 했던 것입니다. 이것이 차변, 대변이라는 말의 시작인 것입니다. 현재는 차변은 좌측, 대변은 우측이라는 의미밖엔 없습니다.

02 현대 회계의 특징

지금까지의 이야기로 회계의 내용이 그 때 그 때의 경제라든가 사회정세와 밀접하게 관련되어 발전되어 왔다는 것을 알아보았습니다만 현대회계 역시 오늘날의 경제사회의 움직임과 깊게 관련되어 있습니다.

현대회계의 특징을 보면, 먼저 그 첫 번째로 회계자료를 분석하는 기능이 중시되고 있습니다. 이것은 14페이지에서 이야기한 회계의 기능(이익을 늘리는 방법을 알 수 있다)에 해당되는 것이겠습니다만 오늘날의 험난한 경제사정을 여실히 반영하고 있음을 알 수 있겠지요.

현대회계의 두 번째 특징은 회계정보를 이해관계자에게 알린다고 하는 회계의 기능과 관련한 것입니다. 회계자료를 작성할 때에는 어느 기업이든 모두 같은 기준으로 작성해야 한다는 소리가 높아져 그 결과 회계자료를 만드는 기준, 다시 말해 회계원칙을 연구하는 것이 중시되고 있습니다.

세 번째 특징도 역시, 회계자료를 이해관계자에게 알려주는 회계의 기능에 관련되어 있습니다. 단순히 회계자료라고 말하지만 이 자료의 내용에는 기업의 재무상태와 경영성과가 들어있습니다. 이전에는 재무상태 쪽을 더욱 중시했었으나 현대회계에서는 경영성과를 나타내는 회계자료를 보다 더 중시하게 되었습니다.

이것이 세 번째의 특징으로, 기업이 얼마나 이익을 올렸는가에 주위의 관심이 높아지고 있다고 하는 사정을 반영하고 있습니다.

이상 말씀드린 세 가지가 현대회계의 특징이라 할 수 있습니다.

담·아·두·기 **재무상태표와 손익계산서**

기업이 작성해 이해관계자에게 알려주는 회계자료 가운데 가장 중요한 자료에는 두 가지가 있습니다. 그 하나는 기업의 재무상태를 나타내는 재무상태표, 다른 하나는 기업의 경영성과를 나타내는 손익계산서라는 자료입니다.

요점정리

1. 회계의 역사

14세기~15세기	15세기~17세기	18세기	20세기
이탈리아에서 부기가 탄생	부기가 유럽대륙에 전해짐	영국에서 회계가 탄생	회계가 미국에 전해져 발달

2. 현대회계의 특징
   - 회계자료의 분석을 중시한다
   - 회계자료를 작성하는 기준(회계원칙)을 중시한다
   - 기업의 경영성과(손익계산서)를 중시한다

지배하거나 복종하지 않으면서도 무언가 하고 있는
사람만이 참으로 행복하고 위대하다. ☼

제2장
회계에는 원칙이 있다

올바른 회계가 행해지기 위해서는 모든 기업이 동일한 회계원칙에 따를 필요가 있습니다.

제1절 | 회계원칙과 그 필요성

▶ 왜 원칙이 필요한지 이해한다
▶ 어떤 원칙들이 있는지 알아본다

01 왜 원칙이 필요할까?

앞서 이야기한 바와 같이 회계의 기능의 하나로서 「기업의 이해관계자들에게 올바른 회계자료를 알려준다」는 것이 있었습니다. 각각의 기업이 제각기 각양각색으로 회계자료를 만들게 되면, 그것을 이용하는 사람들로서는 알아보기 어렵게 되어 버립니다. 그것도 알아보기 어려운 정도라면 그다지 관계없을지도 모르겠으나, 혹시라도 각 기업이 자신에게 유리하도록 제멋대로 만들었다면 어떻게 될까요?

가장 알기 쉬운 예가 탈세(脫稅, tax evasion)입니다. 기업으로서 가장 신경 쓰이는 일 중에는 세금이 있는데 이것은 적은 금액이 아닙니다. 그래서 많은 기업 가운데에는 세무서에 제출하는 회계자료를 자기 편한 대로 제멋대로 만들어 탈세하려고 하는 곳도 있을 수 있습니다. 이러한 반사회적인 일이 만연하게 된다면 사회질서는 지킬 수 없게 됩니다. 이러한 것들을 생각해보면 여러분들도 회계자료를 만드는 기준이 필요한 이유를 납득할 수 있으리라 봅니다. 공평과세를 위해서도 회계자료를 만드는 기준, 특히 회계원칙은 꼭 필요하다 할 수 있겠지요.

02 어떤 원칙이 있을까?

사회질서를 지키기 위해서도 회계원칙(Generally accepted accounting principles GAAP)이 필요하다고 하였는데 그럼 실제로는 어떤 회계원칙이 있을까요? 이번에는 이것을 알아보도록 합시다.

물론 미국이나 영국에도 회계원칙이 있습니다만 어느 경우에도 회계원칙이 생긴 계기는 회계상의 부정이나 조잡한 회계처리, 또는 경제계의 혼란 등이었습니다. 요컨대 한마디로 「이렇게 하면 안 된다」라고 하는 반성에 기인하여 회계원칙이 생겨났던 것입니다.

유럽제국의 회계는 차치하고서라도 우리나라에서 본격적인 회계원칙이 만들어진 것은 1958년의 일입니다. 조금은 어려운 명칭입니다만 당시 재무부장관의 자문기관으로 재정금융위원회 안에 기업회계준칙제정분과위원회가 설치되어, 이 위원회에서 회계학자와 실무가 등 각 방면의 권위자들이 회계원칙을 정리했습니다. 이 위원회에서 정리한 원칙은 「기업회계원칙」이라 불렸습니다. 그러나 몇 차례의 개정이 있은 후 1980년 12월에 「주식회사의 외부감사에 관한 법률」이 제정시행됨에 따라 증권관리위원회의 회계제도자문위원회의 결의에 의하여 「기업회계기준」으로 통합제정되어 시행되어 오다가 IMF사태가 발생함에 따라 1998년 12월 금융감독위원회 산하 증권선물위원회에 의하여 전면개정되어 시행되고 있습니다.

최근에는 사단법인 한국회계기준원이 설립되어 기업회계기준의 제정, 개정 및 해석에 관한 업무를 금융감독위원회의 위촉을 받아 수행하고, 이에 따라 기업회계기준서를 발간하여 회계정보의 유용성과 기업회계기준의 국제적 정합성을 높이고 있습니다.

이 중 일반원칙에서는 기업이 회계자료를 작성할 때, 회계상 판단의 근거로 해야 할 기본적인 원칙을 들고 있습니다. 일반원칙에는 다음의 7개의 원칙이 있습니다.

- 신뢰성의 원칙
- 명료성의 원칙
- 충분성의 원칙
- 계속성의 원칙
- 중요성의 원칙
- 안전성의 원칙
- 실질성의 원칙

또한 재무제표를 작성함에 있어서 작성기준을 별도로 규정하고 있으며, 손익계산서 작성기준에서는 기업이 손익계산서를 만들 때, 회계상 판단의 근거로 해야 할 구체적인 원칙을 들고 있습니다. 또한 재무상태표 작성기준에서는 기업이 재무상태표를 만들 때, 회계상 판단의 근거로 삼아야 할 구체적인 작성기준을 들고 있습니다.

위에 언급된 기업회계기준의 일반원칙의 내용에 대해서는 다음에 자세하게 배우기로 합시다. 이것은 회계를 배우고자 하는 사람에게 있어서는 지극히 중요한 공부인 것입니다.

요점정리

1. 회계원칙이 필요한 이유

   > 기업의 이해관계자들에게 정확한 회계자료를 알리기 위해서는
   >
   > ⬇
   >
   > 모든 기업이 동일한 회계원칙으로 자료를 작성할 필요가 있다

2. 회계원칙의 내용

   > 1. 일반원칙 … 기본적인 원칙을 들고 있다

   일반원칙은 신뢰성의 원칙을 비롯하여 7개의 원칙으로 성립되어 있다.

   > 2. 손익계산서작성기준 … 구체적인 기준을 들고 있다

   > 3. 재무상태표작성기준 … 구체적인 기준을 들고 있다

제2절 | 일반원칙은 7개가 있다

▶ 일반원칙들을 이해한다

01 신뢰성의 원칙

기업회계원칙 – 일반원칙 1
회계처리 및 보고는 신뢰할 수 있도록 객관적인 자료와 증거에 의하여 공정하게 처리하여야 한다.

자, 드디어 회계공부도 본론에 들어왔군요. 지금부터 기업회계원칙 가운데 일반원칙을 하나씩 하나씩 들어가면서 회계의 기본적인 원칙을 이해하여 보도록 합시다.

일반원칙의 첫 번째로서 가장 먼저 들고 있는 것은 신뢰성(reliability)의 원칙입니다. 다시 처음의 원문을 보아주세요. 원문은 조금 딱딱한 표현이라서 잘 알기 쉽도록 풀어서 설명하는 것이 좋겠군요.

이 원칙은 원문에 "신뢰할 수 있도록"이라고 하는 부분 때문에 신뢰성의 원칙이라 불리우고 있습니다. 이미 누차 말해 왔듯이 기업은 이해관계자에게 올바른 회계자료를 알려 줄 의무가 있기 때문에 신뢰성의 원칙은 마땅히 그것을 설명하고 있는 것입니다. 만약 기장처리에 오류가 있는 경우에는 그것을 기초로 작성한 회계자료는 신뢰할 수 있는 것이라 할 수 없습니다. 잘못 썼다든지, 계산이 틀렸다든지, 빼먹고 썼다든지 혹은 이중 기입하던지 등의 잘못은 신뢰성의 원칙에 어긋납니다.

또, 앞서 말씀드린 바와 같은, 이른바 무심코 저지른 잘못 이외에 고의로 속이는 나쁜 행위가 있는 경우에도 신뢰성의 원칙은 현저히 손상되어 버리고 맙니다. 세금을 피하기 위해 이익을 은폐한다든지, 반대로 적자(−)인 경우에는 부끄럽다는 이유로 있지도 않은 이익을 계상한다든지 하여 부정한 방법으로 사람의 눈을 속이는 일도 완전히 없앨 수는 없지만 신뢰성의 원칙은 그러한 옳지 못한 일에 대해 강력하게 경고하고 있습니다.

이런 점으로 미루어 보면 신뢰성의 원칙이라는 것은 회계에 관련된 사람들의 마음속에 단단히 뿌리 내려야 할 기본적인 태도와 같은 것으로서, 그런 이유로 미국의 회계학자 가운데에는 신뢰성의 원칙을 "진실성의 원칙"이라고 부르고 있는 사람도 있습니다.

그래서 신뢰성의 원칙은 7개의 일반원칙 가운데 이른바 첫째가는 원칙으로서 회계의 본질을 나타내는 일반원칙의 핵심이라 할 수 있겠지요. 회계의 기본원칙인 기업회계원칙의 일반원칙, 그 일반원칙 전체의 성격을 대표하는 것이 신뢰성의 원칙이며, 이를 이해함으로써 여러분은, 회계의 본연의 자세가 "올바른 회계자료를 작성하기 위해 성실한 마음가짐으로 임하자"라는 것임을 아셨으리라 생각합니다.

02 명료성의 원칙

기업회계원칙 - 일반원칙 2
재무제표의 양식 및 과목과 회계용어는 이해하기 쉽도록 간단·명료하게 표시하여야 한다.

일반원칙 그 두 번째로서 들고 있는 것은 명료성(clearness)의 원칙입니다. 이 원칙은 원문에 "간단·명료하게 표시하여…"라고 쓰여 있는 부분 때문에 그렇게 불리우고 있는 것입니다.

이 명료성의 원칙은 공개성의 원칙, 이해가능성의 원칙이라고도 불리우며 기업의 있는 그대로의 모습을 그대로 숨김없이 공개하여 관계자들이 올바른 판단을 할 수 있도록 하는 것을 목적으로 하고 있습니다. 기업의 내용을 전부 보여준다고는 하지만, 예를 들어 개발 중인 know-how와 같은 경영 상 필요한 비밀까지 공개하라는 것은 아닙니다. 그렇지만 기업은 공기(公器, public institution)이므로 이해관계자에게는 될 수 있는 한, 있는 그대로의 모습을 공개할 책임이 있다는 것이지요. 그리고 공개함으로써 이해관계자의 이해와 협조를 구할 수 있기 때문에 결국에는 그것이 기업 발전으로 이어지는 것이지요.

그건 그렇고, 공개할 때 매우 중요한 것은, 명확하게 알기 쉽도록 작성하려는 태도입니다. 애써 일부러 공개하는 것이니 만큼 관계자들이 잘 이해할 수 있도록 자료를 작성해야 하는 것이지요. 기업관계자는 아예 대부분의 사람들이 회계지식을 가지고 있지 않다고 간주해 버리고 그러한 사람들에게도 이해가 쉽도록 작성하는 것이 바람직합니다. 전문적인 회계지식 없이는 뭐가 뭔지 통 모르겠다고 한다면 애써 공개하는 의미가 없어지겠지요?

그럼, 일반 사람들에게도 알기 쉬운 회계자료를 만들려면 어떻게 해야 할까요? 여기에 대해 좀 더 살펴볼까요? 일반인들도 쉽게 이해할 수 있는 회계자료를 만들기 위해서는 우선 보기 좋게 작성되어야 합니다. 이것은 평범한 것이지만 의외로 소홀히 하기 쉽습니다. 그럼 어떻게 해야 보기 좋게 만들 수 있을까요?

그 하나는 「한 눈에 알 수 있다」는 것이지요. 분량만 많은 자료는 페이지를 넘기는 수고만 더할 뿐 한 눈에 보기 어려울 뿐입니다.

두번째로는 「배열을 고안한다」는 것입니다. 여러 가지 항목들을 잡다하게 늘어놓게 되면 너저분하기만 하여 보기 어렵고, 쉽게 이해할 수 없겠지요. 대표적인 회계자료인 재무상태표와 손익계산서를 통해 배열의 고안을 설명해 드리겠습니다.

먼저 재무상태표입니다. 이것은 기업의 재무상태를 나타내는 것으로서 재무상태를 나타내는데 적절한 항목들을 아래 그림과 같이 배열합니다.

요컨대 이 기업은 플러스 재산(자산)을 200만원 가지고 있으며, 마이너스 재산(부채)은 150만원을 가지고 있어 실질적인 자본은 50만원이

담·아·두·기 **유가증권 신고서**
회사가 주식 등의 유가증권을 발행하여 자본을 모집하는 경우, 정기적으로 유가증권 신고서라는 서류를 작성하여 금융감독원과 증권거래소에 제출해야만 합니다. 유가증권 신고서에는 영업 상황 등 외에도 회계(재무상태표 및 손익계산서 등)상황 및 공인회계사의 감사의견도 기재하기 때문에 이것을 통해 투자자는 기업에 대한 판단을 그르치지 않을 수 있는 것입니다.

있다는 것을 알 수 있는데, 이러한 사실을 알 수 있는 것도 배열을 고안해 놓았기 때문입니다.

재무상태표

자 산	200만원
부 채	△150만원
자 본	50만원

이번에는 손익계산서에 관한 배열의 고안을 살펴봅시다. 이 회계자료는 기업의 경영성적을 나타내는 것으로서 그를 나타내는데 적절한 항목들을 아래의 그림과 같이 배열합니다.

손익계산서

수 익	1,000만원
비 용	△ 900만원
순 이 익	100만원

요컨대 이 기업은 1,000만원의 수익을 올렸으며, 이를 위해 900만원의 비용이 들었다는 것, 그리하여 순수하게 100만원을 벌어들였다는 것을 알 수 있는데, 이 역시 배열의 고안이 있었기 때문이며, 보기 좋기 때문에 이해하기도 쉬운 것입니다.

일반인들도 이해하기 쉬운 회계자료를 만들기 위해서는 보기 좋게 만들어야 한다는 이야기를 해왔습니다만, 알기 쉬운 회계자료를 작성하기 위해서는 한 가지 더, 친절한 마음자세로 만드는 것이 중요합니다. 일반인들도 이해하기 쉽도록 작성하려면, 마치 학교의 선생님이 학생들에게 잘 알 수 있도록 설명할 때와 마찬가지로 상대의 입장이 되는 일이 무엇보다도 필요합니다. 그러면 어떻게 해야 좋을까요?

그 하나는 「쉽게 풀어 쓴다」는 마음가짐을 갖는 일입니다. 회계용어는 이도 저도 알아듣기 어려운 것뿐이라서 가능한 한 쉬운 말로 바꿔 쓰도록 해야 합니다. 예를 들어, 가지급금이라는 말이 있는데, 이런 것들이 알아듣기 어려운 전형적인 예입니다. 그러한 경우에는 어려운 용어를 회계자료에 싣지 않도록 해야 합니다.

두 번째로는 「생략하지 않는다」는 것입니다. 아래 그림을 보아주세요

손익계산서			손익계산서	
당기순이익	20만원		매 출 액	800만원
			매 출 원 가	△780만원
			당기순이익	20만원

위의 그림을 비교해 보고 여러분은 어느 쪽이 더 친절하다고 느끼십니까? 말할 것도 없겠지요. 생략하지 않은 오른쪽의 손익계산서가 더 친절하다는 것은 말할 나위도 없습니다. 이것은 하나의 예입니다만, 회계자료를 작성할 때에는 무엇이던 간에 생략하지 않도록 하여 관계자가 회계자료에 대한 「경위」, 「과정」을 잘 알 수 있도록 해야할 것입니다.

이제 명료성의 원칙에 대한 설명도 끝나갑니다만 여기서 잠시 정리해 본 뒤 계속하기로 합시다. 명료성의 원칙은 기업이 사회의 공기(公器)라는 이유에서 이해관계자에게 가능한 한 기업내용을 공개해야 한다는 필요에 근거한 원칙이라고 할 수 있습니다. 그리고 공개하는 경

우에는 일반인들도 알기 쉽도록 자료를 만드는 것이 중요하며, 이를 위해서는 보기 좋게 작성할 것과 친절할 것, 이 두 가지가 강조되고 있습니다.

이와 함께 보기 좋은 회계자료 작성을 위해서는 한 눈에 알 수 있도록 하는 것과 배열에 신중을 기할 것 등이 중요하다고 했습니다.

한 가지 더, 친절한 회계자료를 만들기 위해서는 쉬운 말을 사용할 것, 계산과정을 생략하지 말 것, 그리고 다음에 설명할 주기 또는 주석을 첨가할 것 등이 중요한 것입니다.

담·아·두·기 거래, 거래의 이중성
자산·부채·자본은 기업의 경영활동에 의해서 증·감 변화를 갖게 됩니다.
이러한 증감변화를 가져오는 모든 현상과 수익·비용을 발생시키는 모든 사상을 거래라고 합니다.
거래는 항상 동일한 금액이 원인과 결과가 되어 회계등식 양쪽에 동일한 영향을 끼치게 됩니다. 이것을 거래의 이중성이라 합니다. 거래의 이중성에 의해서 대차평균의 원리가 성립됩니다.

03 충분성의 원칙

기업회계원칙―일반원칙 3
중요한 회계처리기준, 과목 및 금액에 관하여는 그 내용을 재무제표상에 충분히 표시하여야 한다.

일반원칙의 세 번째로 들고 있는 것은 충분성(sufficiency)의 원칙입니다. 이 원칙은 "원문에 충분히 표시하여야 한다."라고 되어 있기 때문에 이와 같이 불리우고 있는 것입니다.

이것은 중요한 부분에 관하여는 보충적으로 설명할 주기(註記;

notes)와 주석(註釋 ; comments)을 표시하여 재무제표를 이용하려는 정보이용자들에게 재무제표를 이해하는데 보다 많은 도움을 주어야 한다는 것입니다. 여기서 주기란 재무제표상의 해당 과목 다음에 그 회계사실의 내용을 간단한 자구 또는 숫자로 괄호안에 표시하는 것을 말하고, 주석은 난외 또는 별지에 그 내용을 간결명료하게 기재하는 것을 말합니다.

따라서 회계자료는 항목과 숫자가 나열되어 있는 것으로 주기와 주석을 붙여 주어야 정보이용자에게 회계의 주요 처리기준 즉, 자산의 평가기준이나 주요자산의 담보제공유무 등의 기업의 정보 또는 기업의 사정을 이해시킬 수 있다고 생각합니다. 세간에서는 흔히 이러쿵 저러쿵 말이 많은 사람을 귀찮게 여겨 경원시 하지마는 회계자료에 관하여는 한마디 덧붙여 정보를 추가하는 "주기 또는 주석"은 바람직한 것으로서 환영받고 있습니다.

04 계속성의 원칙

기업회계원칙—일반원칙 4
회계처리에 관한 기준 및 추정은 기간별 비교가 가능하도록 매기 계속하여 적용하고, 정당한 사유없이 이를 변경하여서는 안 된다.

일반원칙의 네 번째로 들고 있는 것은 계속성(consistency)의 원칙입니다. 이 원칙은 원문에 "매기 계속하여 적용하고…"라고 되어있기 때문에 그와 같이 불리우고 있는 것입니다.

일단 채용한 회계처리의 원칙과 절차를 이랬다 저랬다 바꾸는 것을 경계하고 있는 원칙입니다. 혹시라도 이랬다 저랬다 변경시킨다면 도저히 올바른 회계자료를 관계자에게 알릴 수 없게 됩니다.

그러면 회계처리 원칙과 절차를 변경시킨 경우, 회계상 어떠한 곤란한 일이 벌어지는 지 말씀드리겠습니다.

재무상태표(1기)			재무상태표(2기)	
토 지	10,000		현 금	500
건 물	5,000		상 품	2,000
상 품	3,000		건 물	6,000
현 금	1,000		토 지	10,000

위 그림을 보시면 알 수 있듯이, 같은 기업의 재무상태표이지만, 1기와 2기의 항목배열과 금액표시 방법을 달리 하였기 때문에 양자를 구별하는 것이 어렵지 않습니까?

이번에는 아래 그림을 보아주세요.

손익계산서(1기)			손익계산서(2기)	
영업비	8,000		급 여	3,000
			교통비	1,000
			접대비	500

같은 기업의 손익계산서이지만, 1기에는 영업비로 표시한데 반해, 2기 때에는 영업비의 세부 항목별로 표시했기 때문에 어쩐지 다르게 보이기까지 하는군요.

따라서 회계자료의 배열과 항목의 명칭을 바꾼다던가 하면 비교가 어렵게 되어 자료를 보는 사람의 판단을 혼란시켜 버리기 쉽다는 것을 알 수 있습니다. 여기에 계속성의 원칙의 존재 이유가 있는 것입니다.

그 뿐만이 아닙니다. 자산의 평가 방법과 계산 방법을 바꾸어도 곤란한 일이 벌어져 버리고 맙니다. 가까운 실례로써, 학교 성적표는 선생님이 학생의 성적을 평가해 점수를 부여하는 것입니다만, 여기에는 상대평가와 절대평가의 두가지 기준이 있습니다. 잘 아시다시피 상대평가는 그 아이의 성적을 다른 아이와 비교하여 A라던가 B라던가 하여 평가하는 방법입니다. 절대평가는 다른 아이와 비교하지 않고 선생님이 생각하는 달성기준이라는 척도에 비추어 평가하는 방법입니다. 만약 1학기는 상대평가로 성적을 매기고, 2학기는 절대평가로 점수를 부여한다면 학생도 학부모도 곤란해져 버리겠지요.

그와 같은 일은 회계에 있어서도 있을 수 있습니다. 예를 들어, 원가를 계산해 내는 경우, 팔고 남은 상품의 가격을 얼마로 평가하는가에 따라 원가 금액이 달라집니다. 다음 그림을 보십시오.

매 입	원 가
2,000	1,500
	기말재고
	500

매 입	원 가
2,000	1,000
	기말재고
	1,000

위의 그림으로 알 수 있듯이 팔고 남은 물건의 값을 얼마로 평가하는가에 따라서 원가금액이 달라집니다. 원가금액이 달라지면 당연히 매출이익도 달라지게 되어, 경영성과에도 크게 영향을 미칩니다. 따라

서 팔고 남은 상품의 값을 평가하는 기준을 기분 내키는 대로 변경시키다던가 한다면 경영성과를 비교할 수 없게 되어 버립니다. 그러므로, 평가기준 역시 같은 기준을 계속 적용하지 않으면 자료를 이용하는 사람의 판단을 흐리게 하는 결과를 낳습니다. 여기에서도 계속성의 원칙의 존재 이유가 있다는 것을 아시겠지요?

담·아·두·기

평가는 회계의 큰 문제
다음의 그림은 복식부기의 구조를 나타내고 있는데, 이에 의하면 자산을 과대하게 평가한 경우에는 비용이 적어지게 되고, 그 결과 순이익이 실제보다 크게 계상되어 버립니다. 반대로 자산을 과소 평가한 경우에는 비용이 커지게 되어 그 결과 순이익이 실제보다 적게 산출되고 맙니다.
이와 같이 자산평가의 조정만으로도 순이익이 어떻게로든 변할 수 있기 때문에 「평가」는 회계상 커다란 문제가 아닐 수 없습니다.

자 산	부 채
	자 본
비 용	당기순이익
	수 익

05 중요성의 원칙

기업회계원칙 – 일반원칙 5
회계처리와 재무제표작성에 있어서 과목과 금액은 그 중요성에 따라 실용적인 방법에 의하여 결정하여야 한다.

일반원칙의 다섯 번째로 들고 있는 것은 중요성(materiality)의 원칙으로서 과목과 금액은 중요성의 정도에 따라 선택하여야 한다는 것입니다.

중요성과 실용성은 서로 상반되는 개념으로서 과목과 금액이 중요한 경우에는 반드시 재무제표에 표시하여야 하나 그와 반대로 과목과 금액의 분류, 표시에 있어 경제성이나 실용적인 면에 비추어 중요하지 아니하면 이를 통합하여 표시하는 것이 좋다는 것입니다.

예를 들면 요즈음 기업의 자산규모 또는 매출규모는 몇 백억원 또는 몇 천억원 이상의 규모이나 이 중 어느 계정과목의 잔액이 몇 천만원 또는 몇 백만원이라면 이를 재무제표에 별도 표시하는 것이 커다란 중요성을 갖게 되지않기 때문에 이러한 것은 중요성에 비추어 다른 유사한 계정과목에 통합하여 표시하는 것이 재무제표 이해관계자의 이해에 오히려 더 도움을 줄 수 있다는 것입니다.

06 안전성의 원칙

기업회계원칙 - 일반원칙 6
회계처리과정에서 2 이상의 선택가능한 방법이 있는 경우에는 재무적기초를 견고히 하는 관점에 따라 처리하여야 한다.

일반원칙의 여섯 번째로서 들고 있는 것은 안전성(security, safety)의 원칙으로서 보수주의(保守主義, conservation)의 원칙이라고도 합니다. 보수라고 하는 의미는, 즉각 머리에 떠오르지는 않겠지만 정치적인 의미는 아닙니다.

이 원칙의 요지부터 말씀드리자면, 신중성의 원칙 또는 보수성의 원칙으로도 표현할 수 있다는 것입니다. 그러면, 안전 또는 신중에 관해 회계상 그것이 어떤 것을 의미하는지를 설명해 드리겠습니다.

사실 이 원칙은, 지극히 당연하고도 평범한 것을 말하고 있는데 요컨대 기업의 회계는 「수익은 조심스럽게, 비용은 즉각 계상」하려 한다는 것입니다. 이를테면 우리들의 가계에 있어서도 마찬가지로, 한 가정의 주부는 모두 안전성의 원칙에 입각하여 가계를 꾸려 나간다고 할 수 있습니다. 남편의 수입은 조심스럽게, 기본급 상승이나 초과근무수당 등에는 그다지 큰 기대를 걸고 있지 않습니다. 또 지출쪽은 인플레 경향도 염두해 두어 여러 가지 경비가 늘 것을 계산해 알뜰하게 운영하고 있는 것이지요.

기업회계도 마찬가지로, 똑같은 것으로 생각하면 이 원칙은 이해가 어렵지 않습니다.

우선 수익에 대해서는 소극적으로 계상합니다. 더 구체적으로 말하자면, 수익을 예상하고 "이번에는 이러 저러한 수익을 올리겠지"라고 생각하여 미리 계상하면 안됩니다. 예를 들면 타인에게 상품의 판매를 위탁한 경우, 위탁한 시점에서 수익으로 계상하는 것은 안될 일입니다. 그것은 아직 팔릴지 어떨지 모르기 때문에 "팔리겠지"라고 생각하여 수익으로 계상하는 것은 신중함이 결여된 회계처리이기 때문입니다. 다음으로 비용 부분은 즉각 계상합니다. 이 예를 몇 가지 들어보도록 하지요. 그 한가지는, 예상되는 비용을 예상단계에 미리 기록(계상)해 버리는 것입니다. 예상되는 수익 부분은 계상을 미루지만 비용 부분은 미리 계상하는 것으로, 대단히 견실한 방법이지요. 이것이 안전성 또는 보수주의의 원칙으로 불리우는 이유인 것입니다.

다른 한 예는, 재고 중 손실에 대해서 입니다. 상품과 원재료 등에 대해서는, 재고 중에 그 가격이 하락해 버리는 경우, 하락한 부분을 손실로 계상하는 것입니다. 이것도 안전성의 원칙에 기인한 회계처리입니다. 이상과 같이, 안전성의 원칙이라는 것은 견실하게 회계처리를 행하므로써 기업회계를 튼튼히 하려는 것을 주안점으로 하고 있는 것입니다. 이를 위해 회계처리는 신중을 다하여, 안전에 안전을 기해 일을 처리하게 되는 것이지요.

담·아·두·기 계정과 계정과목
기업 경영 활동에 의해서 거래가 발생하면 이것을 장부에 기록하게 됩니다. 이때 장부에 기록하는 계산단위를 계정(account, a/c)이라 하고, 여기에 구체적인 명칭을 부여한 것이 계정과목입니다.

07 실질성의 원칙

기업회계원칙－일반원칙 7
회계처리는 거래의 실질과 경제적 사실을 반영할 수 있어야 한다.

일반원칙의 일곱 번째로 들고 있는 것은 실질성(quality)의 원칙입니다.

이 원칙은 첫 번째 신뢰성의 원칙과 유사한 원칙입니다. 즉 모든 회계처리는 거래의 실질내용에 따라, 또한 모든 경제적 사실을 있는 그대로 반영하도록 하여야 한다는 원칙입니다. 그래야만 기업이 작성한 재무제표에는 경제적 사실 그대로 반영되어야만 이를 이용하는 이해관계자의 판단을 그르치지 않게 된다는 것입니다.

이상으로 일반원칙에 대한 설명을 마칩니다만, 여러분은 이 설명으로 인해 기업회계의 기본적인 원칙이 확실히 머릿속에 들어왔을 것으로 기대합니다. 회계학을 혼자서 공부하는 일은 분명코 여러 어려움이 동반하겠지만, 꾸준히 인내심을 가지고 공부해가면 어느 순간 매우 재미있는 과목이 됩니다.

담·아·두·기 재무제표

재무제표란 재무상태표, 손익계산서, 이익잉여금처분계산서 또는 결손금처리계산서, 현금흐름표, 자본변동표 및 주석과 같은 회계자료를 말하는 것으로, 결산보고서라고도 불리웁니다.

고난이 곧 불행은 아니다.
고난을 극복할 의지를 잃은 것이 불행이다.

요점정리

기업회계원칙 중 일반원칙

1. 신뢰성의 원칙 : 회계처리 및 보고는 신뢰할 수 있도록 객관적인 자료와 증거에 의하여 공정하게 처리하여야 한다는 즉, 세심한 주의를 기울이면 실수를 막을 수 있으며, 성실한 자세로 처리하면 부정과 같은 것들도 방지할 수 있다.
2. 명료성의 원칙 : 기업은 공기(公器)인 까닭에, 가능한 한 있는 그대로의 상태를 공개해야 한다. 공개할 때에는 일반인들도 이해하기 쉽게 회계자료를 작성하도록 유의해야 할 것이다.
3. 충분성의 원칙 : 중요한 회계방침과 회계처리기준, 과목 및 금액에 대한 재무제표상 주기, 주석 등에 의하여 충분하게 표시하는 것이 매우 바람직하다.
4. 계속성의 원칙 : 일단 채용한 회계처리 원칙과 절차를 함부로 변경시키면 회계자료의 비교가 불가능하게 되기 때문에 계속해서 적용시키는 것이 바람직하다.
5. 중요성의 원칙 : 회계처리와 재무제표작성에 있어서 과목과 금액은 중요성에 따라 실용적인 방법에 의하여 결정하고 표시하여야 한다.
6. 안전성의 원칙 : 예상되는 비용은 반드시 계상하는 반면, 수익은 조심스럽게 계상한다고 하는 신중한 처리를 행해야 할 것이다.
7. 실질성의 원칙 : 모든 회계처리는 실질거래내용에 따라 경제적 사실을 반영할 수 있도록 행해야 할 것이다.

→ 신뢰성의 원칙 — 신뢰할 수 있도록 성실한 회계로 부정없이
→ 명료성의 원칙 — 누구나 알 수 있는 친절한 자료
→ 충분성의 원칙 — 주기, 주석 등에 의하여 모든 정보를 충분하게 제공
→ 계속성의 원칙 — 변함없는 처리로 비교도 가능
→ 중요성의 원칙 — 과목과 금액은 중요성에 따라 통합표시
→ 안전성의 원칙 — 신중한 회계처리로 안전 운전
→ 실질성의 원칙 — 거래의 실질과 경제적 사실을 그대로 반영

잘 생각하지 않고 하는 말은 겨누지 않고 총을 쏘는 것과 같다.

제3장
기업의 재무상태 (1)-자산

기업에 있어 도움이 되는 재화와 채권이 자산이며, 이 자산은 평가가 가장 중요하다.

제1절 | 자산의 의의와 분류·평가

▶ 자산이란 무엇인가를 안다
▶ 자산의 분류를 알아본다
▶ 자산의 평가기준을 이해한다

01 자산이란 무엇일까?

앞 장에서 회계의 원칙을 공부해 보았는데, 이 장에서는 그 회계원칙에 근거하여 구체적인 회계이야기로 들어가 보도록 합시다.

회계의 목적은 2개가 있어, 그 하나는 기업의 재무상태를 명확히 하는 것과, 다른 하나는 기업의 경영성과를 명확히 하는 것입니다. 기업의 재무상태는 재무상태표에 나타납니다만 이 재무상태표의 내용은 자산과 부채, 자본의 세 부분입니다. 기업의 경영성과는 손익계산서에 나타나며, 그 내용은 수익과 비용의 두 가지입니다.

```
회계의 목적 ─┬─ 기업의 재무상태(자산, 부채, 자본)를 명확히 하는 것
            └─ 기업의 경영성과(수익, 비용)를 명확히 하는 것
```

그러면 먼저 기업의 재무상태를 구성하고 있는 자산부터 함께 공부해 나가도록 합시다.

방금 자산이라는 말을 다 알고 있듯이 사용했으나 여러분의 이해를 위해 먼저 「자산」을 정의해 보도록 하지요. 자산은 일상생활에서도 자

주 쓰이고 있어 "저 사람은 자산가야"라는 등의 말을 들어본 적이 있을 것입니다. 그러나 회계용어로서의 자산은 기업에 있어 도움이 되는 재화나 채권을 말합니다. 도움이 되는 재화에는 어떤 것들이 있는지 살펴보면, 현금을 비롯하여 상품, 비품, 건물, 토지 등 여러 가지가 있습니다. 또한 채권이라고 하는 것은 타인에게 금전의 지불을 청구할 권리로서, 돈을 빌려주었을 경우 등에 발생합니다. 채권의 종류도 무척 많습니다.

02 자산의 분류

자산, 즉 기업에게 도움이 되는 재화나 채권에는 여러 가지가 있다고 말했습니다만, 이들 자산을 일정 기준에 의거하여 분류, 정리해 보도록 해 봅시다.

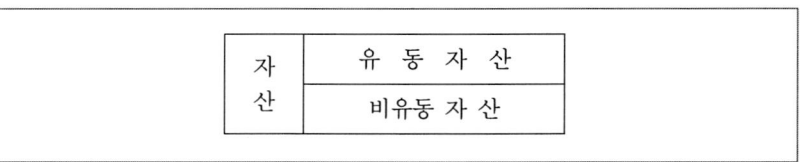

기업이 가지고 있는 수많은 자산은 유동자산과 비유동자산으로 크게 분류됩니다. 유동자산과 비유동 자산으로 분류하는 기준에는 영업순환기준이라는, 이를테면 잣대가 있습니다. 이 잣대를 자산에 적용하여 유동자산인지 비유동자산인지를 결정하는 것입니다.

자산에는 여러 가지가 많이 있어 이 영업순환기준이라는 잣대만으로는 완벽하게 분류할 수 없습니다. 따라서 여기에는 또 한가지 1년 기준(one year rule)이라는 잣대가 있습니다. 결국, 영업순환기준과 1년 기준이라는 두 개의 잣대를 이용해 유동자산과 비유동자산으로 분류하는 것이지요.

유동자산과 비유동자산을 분류하는 영업순환기준에 대해 공부해 봅시다. 기업이 행하는 영업활동의 과정 중에 있는 자산에는 다음과 같은 cycle이 있습니다.

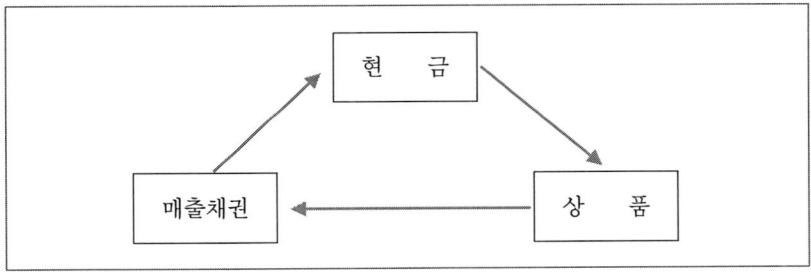

위 그림에 나타나 있듯이 영업활동 과정 중에 있는 자산에는 현금 ⇨ 상품(또는 제품) ⇨ 매출채권(매출대금을 받을 수 있는 권리) ⇨ 현금(입금)이라고 하는 cycle이 있어 이 cycle 상에 있는 것을 유동자산이라고 하는 것입니다. 이것이 영업순환기준이라는 잣대에 의한 분류방법입니다.

영업순환기준으로 분류할 수 없는 경우, 1년 기준(one year rule)이라는 잣대를 사용하게 되는데 이것은 결산일 다음 날부터 계산하여 1년 이내에 입금기한(만기)이 돌아오는 것을 유동자산으로 분류하는 방법입니다.

03 자산의 평가

자산에 관해 공부한다면 위에서 배운 분류에 결코 뒤지지 않을 만큼, 아니 그 이상으로 지극히 중요한 것이 있습니다. 그것은 계속성의 원칙에서도 잠시 설명한 바 있는 자산의 평가 문제입니다. 계속성의 원칙에서도 언급한 바와 같이 자산을 얼마로 평가하는가 하는 것만으로도 순이익 금액이 좌우되고 맙니다. 자산을 과대하게 평가하면 낙관적인 순이익이 계상되며, 자산을 과소하게 평가하면 순이익이 실제보다 덜 계상됩니다.

아래 그림의 경우, 왼쪽은 낙관적인 순이익이, 오른쪽은 엄격한(박한?) 순이익이 되었습니다. 자산을 평가하는 사람의 눈짐작만으로는 순이익을 마음대로 조작할 수 있게 되어 정확한 회계는 그 뿌리째 흔들리고 말게 되지요.

자 산	부 채
	자 본
	당기순이익
비 용	수 익

자 산	부 채
	자 본
	당기순이익
비 용	수 익

그러면 어떻게 해야 좋을까요? 그 답은 평가기준을 정해 두는 것입니다. 어떠한 기업이라도 동일한 평가기준을 근거로 하여 자산평가를 행하게 되면 제멋대로의 평가는 있을 수 없습니다.

자, 그럼 지금부터 평가기준에 관해 공부하기로 합시다.

평가기준에는 원가기준과 시가기준, 그리고 저가기준의 세 가지가 있습니다.

먼저 원가기준을 보면 이것은 자산평가를 취득원가에 의해 행하는 방법입니다. 외부로부터 사들여 취득한 자산, 예를 들어 상품이나 재료 등의 자산은 구입할 때의 가격에, 사면서 별도로 지불한 운임과 같은 부대비용을 더한 금액이 취득원가가 됩니다. 자체적으로 생산해 낸 제품은 제조원가가 취득원가로 됩니다.

이 원가기준이라고 하는 자산평가방법은 대단히 뛰어난 평가방법입니다. 그것은 이 방법으로 평가하면 자기 멋대로의 평가는 불가능하기 때문입니다. 외부에서 샀건, 자체적으로 생산했건 간에 그 자산의 취득원가를 증명하는 납품서와 영수증 등의 증빙서류가 있으므로 평가시 적당한 조절 등은 반영될 여지가 없습니다.

다음은 시가기준이라고 하는 자산평가방법입니다. 이것은 평가하는 사람의 임의적 판단이 개입될 여지가 있기 때문에 그다지 좋은 방법은 아닙니다. 시가기준이란, 자산평가를 결산일 시점의 시가(시장가격)에 의해 행하는 방법입니다. 시가라고 하는 것은 거래소 등에서 시장성이 있는 상품이나 유가증권 등 극히 일부의 자산을 제외하고는 시가를 얼마로 결정할지는 평가를 내리는 사람의 판단 나름입니다.

담·아·두·기 **부채와 자본의 평가**
자산에 대해서는 평가문제가 복잡하지만, 같은 재무상태표상에 있으면서도 부채와 자본은 평가문제가 거의 일어나지 않습니다. 왜냐하면 부채는 상대방과 일정금액으로 약속한 지급의무로, 처음부터 얼마라는 금액이 확정되어 있기 때문입니다. 자본은 자산에서 부채를 차감한 것이기에 자산과 부채의 금액이 결정되면 자동적으로 확정됩니다. 따라서 자본에 관해서도 평가문제는 발생하지 않는 것입니다.

원가기준의 경우, 취득원가를 증명할 증빙서류가 마련되어 있습니다만, 이에 반해 시가기준은 증명할 수가 없기 때문에 객관성이 결여되어 그 평가는 신뢰성 부족을 지적 당하여도 도리가 없습니다. 시가기준의 결점은 이 밖에 또 있습니다. 그것은 만약 원가보다 시가가 비싸다고 평가하는 경우에 발생하는 문제입니다.

다음의 그림과 같이 시가를 높게 평가하면,

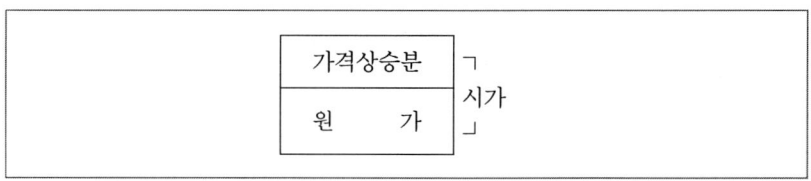

가격상승분(평가이익이라고 한다)이 계상됩니다. 이 수익은 계산상으로는 나옵니다만 그 자산을 팔지 않는 이상, 실현되지 않는 성질을 갖고 있습니다. 이와 같은 수익을 미실현이익이라고 합니다만, 예상되는 수익은 계상하지 않는다고 하는 보수주의의 원칙에 위배되고 있지요.

자산의 평가기준으로서 원가기준과 시가기준을 살펴보았는데, 마지막으로 한 가지 더 저가기준을 공부해 봅시다. 이것은 결산일 시점에서 그 자산의 취득원가와 시가를 비교해 보아 어느 쪽이든 낮은 가격으로 자산을 평가하는 방법입니다. 따라서, 취득원가가 시가보다 낮을 때에는 낮은 쪽, 즉 취득원가로 평가하며, 또 취득원가가 시가보다 높을 때에는 낮은 쪽인 시가로 평가합니다.

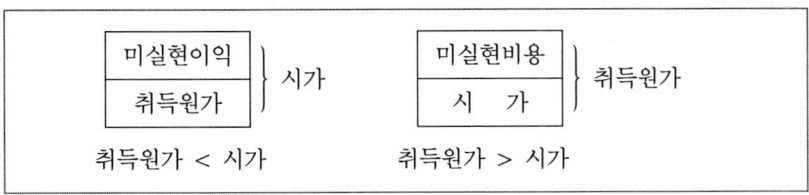

　이 평가방법에 의하면 위 그림 왼쪽의 경우, 가격상승분(미실현이익)은 계상될 염려가 없습니다. 또 오른쪽 그림과 같은 경우, 미실현비용은 계상됩니다. 이 이치는 다음과 같이 생각하면 잘 알 수 있습니다. 이 자산을 구입할 당시, 이미 취득원가로 기록되어 있기 때문에 현 결산일 시점에서 시가로 평가하면 "취득원가 − 시가 = 미실현비용"이라는 식에 의해 산출되는 미실현비용이 결과적으로 계상되는 것입니다. 미실현수익은 계상하지 않고, 미실현비용만 계상되므로 이 방법은 보수주의 원칙에 반하지 않는 건전한 자산평가방법이라 할 수 있습니다.

진정한 스승은 밖에 있지 않고 우리 마음 안에 있다.
밖에 있는 스승은 다만 우리 내면의 스승을 만나도록 그 길을 가리켜 줄 뿐이다.

요점정리

1. 자산이란 무엇인가
   - 회계의 목적 ─┬─ 자산, 부채, 자본을 명확히 할 것
   　　　　　　　└─ 수익, 비용을 명확히 할 것
   - 자산 ─┬─ 재화(현금, 상품, 제품, 건물 등)
   　　　　└─ 채권(금전을 청구할 권리)

2. 자산의 분류
   - 자산 ─┬─ 유동자산
   　　　　└─ 비유동자산
   - 자산을 분류하는 기준
     * 영업순환기준 : "현금 ⇨ 상품 ⇨ 매출채권 ⇨ 현금"이라는 싸이클 상에 있는 것은 유동자산
     * 1년 기준(one year rule) : 1년 이내에 만기가 돌아오는 것은 유동자산

3. 자산의 평가
   - 자산의 평가와 순이익의 관계
     자산을 과대평가 할 경우 ⇨ 순이익이 과대계상
     자산을 과소평가 할 경우 ⇨ 순이익이 과소계상
   - 평가기준 ─┬─ 원가기준 : 자산의 취득원가로 평가한다
   　　　　　　├─ 시가기준 : 결산일의 시가로 평가한다
   　　　　　　└─ 저가기준 : 취득원가와 시가 중 어느 쪽이든 낮은 쪽으로 한다

제2절 | 유동자산(1) - 당좌자산

▶ 유동자산의 분류를 알아본다
▶ 당좌자산이란 무엇인가를 안다
▶ 당좌자산의 분류를 알아본다
▶ 당좌자산의 평가를 이해한다

01 유동자산의 분류

 앞 절에서 자산을 유동자산과 비유동자산의 두 가지로 구분할 수 있다고 했습니다만 여러분으로서는 도대체 왜 나누는 것일까 하는 의문이 들 수도 있겠습니다. 혼자서 공부하도록 되어있는 이 책의 방침에 따라 어떠한 의문에도 알기 쉽게 답해드리고자 어째서 자산을 분류하는지에 대해서도 잠시 설명해 드리도록 하지요.

 프로야구에 비유해 보면 전부해서 8개의 구단으로 나뉘어 있습니다. 또는 LG 트윈스나 삼성 라이온즈, 혹은 투수력이 출중한 구단, 타격이 뛰어난 구단…… 등과 같이 여러 기준, 척도로 분류할 수 있습니다.

 이와 같이 분류하는 이유는 프로야구를 보다 잘 파악할 수 있기 때문이겠지요. 회계 역시 꼭 같은 이유로 분류하고 있는 것입니다. 자산을 유동, 비유동으로 분류하는 것도 그렇게 하므로써 자산의 내용을, 더 나아가 기업의 재무상태를 잘 파악할 수 있기 때문입니다. 그러한 이유에서, 회계에서는 어떤 것이든 자세히 분류하는 것입니다. 유동자산도 당좌자산, 재고자산의 두 가지로 분류하고 있습니다.

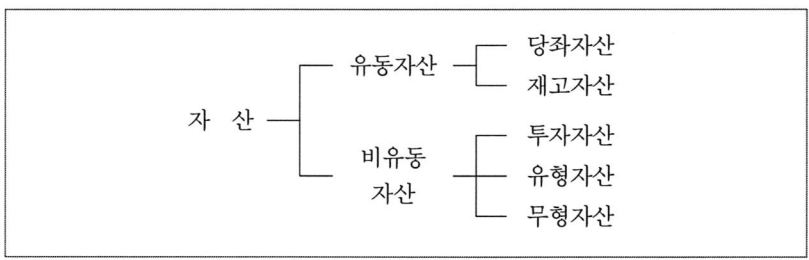

위 그림을 보아서도 알 수 있듯이 자산도 대단히 세세하게 분류되지요. 그럼, 이제부터 유동자산에 대해 하나 하나 배워 나가도록 합시다.

02 당좌자산이란 무엇인가?

가장 먼저, 당좌자산입니다.

당좌자산이라는 그룹 가운데에는 우선 현금이 있고, 그 현금을 중심으로 하여 주위에 예금적금이나 받을어음 또는 유가증권이라는 측근들이 모여 있습니다. 이 그룹 구성원들은 언제라도 바로 현금으로 바뀔 수 있다는 공통점이 있습니다.

예를 들어, 예금적금이라면 통장과 도장을 가지고 금융기관으로 가면 즉시 현금이 손에 들어오지요. 당좌자산은 quick자산이라고도 불리웁니다만, 이는 현금으로 바뀌는 것이 빠르다는 의미입니다. 또한, 당좌자산은 단기간의 차입금, 예를 들어 열흘간 또는 3개월간 정도의 짧은 기간동안 돈을 빌렸을 경우, 그 차입금을 돌려줄 때의 지불(상환)에 충당될 의무도 가지고 있습니다(그와 같은 이유에서 당좌자산은 지불자산이라고도 합니다).

03 당좌자산에는 어떤 것이 있을까?

그러면 당좌자산에는 어떤 것들이 있는지 자세히 살펴봅시다.

1. 현 금

먼저, 당좌자산 중의 「현금」이 있습니다. 현금이라고 하면 지갑 속의 만원권 또는 천원권 등을 떠올리겠지만, 사실은 이외에도 현금대용증권에 속하는 타인발행 당좌수표, 송금수표, 송금환수표, 예금수표, 우편환증서, 전신환증서, 주식배당금 영수증, 만기가 도래한 공사채의 이자표 등등 여러 가지가 있지요. 이러한 것들은 회계실무상 현금으로 간주해도 지장이 없기 때문에 이와 같이 취급하고 있는 것입니다. 또한 현금은 다음에 설명할 예금·적금 중 당좌예금, 보통예금과 함께 현금 및 현금성 자산으로 표시하기도 합니다.

2. 예금적금

현금에 이어, 예금적금이라는 당좌자산을 공부해 봅시다. 이 역시 종류가 많아 당좌예금, 보통예금, 정기예금, 통지예금, 우편저금 등이 있습니다. 여기에서 주의하지 않으면 안 되는 것은 장기에 걸친 예금적금입니다. 1년 기준 (one year rule)에 의해 결산일 다음 날부터 계산하여 1년 이내에 만기가 돌아오는 것은 유동자산이지만, 그렇지 않은 것은 비유동자산 입니다. 그러므로 결산일 다음 날부터 1년 이내에 인출이 불가능한 예금적금은 비유동자산이 되므로 당좌자산에는 해당되지 않습니다. 예금·적금 중 금융기관이 취급하는 정기예금, 정기적금이나 정형화된 상품 등으로 단기적 자금운용목적으로 소유하거나 기한이 1년 이내에 도래하는 것은 단기금융상품으로 구분하기도 합니다.

3. 받을어음

예금적금에 이어서, 받을어음이라는 당좌자산을 배워봅시다. 어음에는, 약속어음과 환어음이 있는데, 이들 수표를 다른 사람으로부터 받았을 때 생기는 채권이 받을어음입니다. 채권이란 타인에게 금전의 지불을 청구할 수 있는 권리입니다. 타인으로부터 어음을 받으면 후일 어음대금을 받을 수 있는 권리가 생기는데, 이 권리를 받을어음이라는 것입니다. 어음 그 자체는 봉투정도 크기의 단순한 종이쪽지에 불과합니다만, 이 종이쪽지를 가지고 있으면 돈을 받을 수 있는 권리가 보증되기 때문에 이 역시 대표적인 당좌자산의 하나라고 할 수 있습니다.

받을어음과 혼동하기 쉬운 것으로 융통(금융)어음이 있습니다. 어째서 혼동하기 쉬운가하면, 받을어음도 융통(금융)어음도 모두 다른 사람으로부터 어음을 받을 때 생기는 채권이지만 이름만 다르기 때문입니다. 이 차이점은 타인으로부터 어음을 받게 되는 경위부터 생기게 되는데, 받을어음은 통상의 영업거래의 결과 받은 어음채권인 반면, 융통어음은 돈을 빌려주었다는 증거로 받는 어음채권인 것입니다.

받을어음은 다음에 설명할 외상매출금과 함께 매출채권으로 표시하기도 합니다.

4. 외상매출금

받을어음에 이어서, 외상매출금이라는 당좌자산을 배워봅시다.

이것은 받을어음과 같이 통상의 영업거래에 의해 발생한 거래처에 대한 채권을 말합니다. 예를 들면 상품매매업자가 상품을 판매하고, 매출대금을 후일 받기로 한 경우(외상매출이라 한다) 매출대금에 대한 청구권이 생기게 되는데, 이를 외상매출금이라고 합니다. 알기 쉽게 이야기하면, 매출대금의 청구서를 쓸 수 있는 권리 또는 수금을 할 권리라고 할 수 있겠습니다.

그런데, 외상매출금의 '금'이라는 글자 때문에 현금과 동일시 되어버릴 우려가 있습니다. 나중에 수금을 해 온 직원이 불룩해진 수금 봉투를 가리키며, "외상매출금을 가져왔다"라고 할 수 있겠지만 이 표현보다 정확한 표현은 "외상매출금을 현금으로 받아왔다"라고 해야 옳습니다. 외상매출금은 청구권이므로 '청구하면 현금을 준다'고 하는 것이 바른 것입니다. 이로써 잘 아셨듯이 외상매출금과 현금은 완전히 다른 것입니다.

지금 상품매매 업자에게 발생하는 외상매출금을 알아보았는데, 다른 업종의 사업자에게 생기는 외상매출금을 살펴볼까요? 여행업과 같은 서비스업자의 경우는 손님에게 여행을 알선하여 그 알선료를 후일 받

담·아·두·기 **현금예금**
예금적금은 은행 등의 금융기관에 보관을 의뢰한 현금이므로 지불수단으로 보면 현금과 동일한 기능을 가지고 있다고 할 수 있겠습니다. 그래서 현금과 예금적금은 현금예금이라 하여 하나의 계정으로 처리하고 있습니다.

기로 한 때, 알선료의 청구권이 외상매출금인 것입니다. 물건을 가공하는 업자의 경우는 가공비를 후일 받기로 한 경우, 가공비의 청구권이 역시 외상매출금이 되겠지요. 요약하자면, 외상매출금은 그 기업의 통상의 영업거래에 의해서 발생한 채권이라는 것입니다.

외상매출금과 헷갈리기 쉬운 것으로 미수금이 있습니다. 외상매출금도 후일 받기로 한 권리로서 대금은 아직 수금이 안된 것으로, 그렇게 생각해보면 양자의 구별이 불분명해져 같은 것으로 보게 됩니다. 그렇다면 어떤 차이점이 있는 걸까요? 그 권리가 통상의 거래로부터 생긴 것인가 그렇지 않은 것 인가하는 점입니다. 통상의 거래로부터 생긴 것이라면 외상매출금이며, 통상적이 아닌 거래로부터 발생했다면 미수금인 것입니다. 통상적이지 않은 거래, 예를 들면, 필요없게 된 비품이라든가 기계류를 매각처분하고 매각대금을 후일 받기로 했다면, 그 권리는 미수금입니다.

5. 유가증권

외상매출금에 이어 유가증권이라는 당좌자산을 공부해 봅시다.

가정의 주부나 직장에서 정년퇴직한 사람들 가운데에는 주식거래를 하고 있는 분도 있겠습니다만, 기업도 주식을 팔거나 사고 있습니다. 은행등 금융기관이나 삼성, 현대, 대우 등 대기업가운데에는 벌어들인 돈으로 주식거래를 하여 회사 내에 그 전문부서를 둘 정도로 정성을 들이고 있는 곳도 있습니다.

기업이든 일반인이든 주식거래를 하고 있다는 것은 이를 통해 돈을 벌어들이고 싶다는 것 이겠지요. 또한 국채나 사채를 사들여 이자를 받는다거나 상황을 보아 팔아치우기도 합니다. 이와 같이 자금회전에 여유가 있는 경우 돈을 불릴 목적으로 사들인 주식이나 국채 또는 사채를 유가증권이라고 합니다. 단, 여기에는 조건이 있어, 그 유가증권이 증권시장에서 유통되고 있는 것으로, 일시소유의 목적으로 언제라도 매각할 수 있는 것이어야 합니다.

만약, 가지고 있는 유가증권이 앞서 말씀드린 조건에 부합되지 않는다면 당좌자산이라 하지 않고 비유동자산으로 분류되어 투자유가증권으로 불리우게 됩니다. 보기에는 같은 유가증권입니다만, 한쪽은 당좌자산으로 취급되며, 다른 한쪽은 비유동자산이 되는 것입니다.

04 기타유동자산

1. 어음대여금

이것은, 돈을 빌려 준 증거로서 어음을 수취한 경우 발생하는 채권입니다. 나중에 어음대금을 받을 수 있는 권리를 가지게 되었으므로 받을어음과 혼동하기 쉬울 수도 있겠지만, 앞에서 설명한 받을어음을 다시 한 번 읽어봐 주시기 바랍니다.

2. 단기대여금

이것은 돈을 빌려 준 증거로서 차용증서를 받은 경우 발생하는 채권입니다. 후일 차용증서의 금액을 받을 수 있는 권리를 갖게 된 것이지요. 단기대여금은 유동자산이므로 결산일 다음날부터 계산하여 1년 이내에 만기가 오는 것을 말합니다. 단기대여금 가운데 임원이나 종업원 또는 관계회사 등에 대한 것은 예를 들면 「종업원단기대여금」과 같이 표시합니다.

3. 미수금

이것은 통상적이지 않은 거래로부터 발생한 채권입니다. 본래의 영업활동 이외의 매매거래(통상적이지 않은 거래) 로부터 발생한 매각대금을 받을 수 있는 권리를 가리키고 있는 것입니다.

외상매출금과 혼동하기 쉽겠네요. 외상매출금의 설명을 다시 한 번 읽어보아 주십시오.

4. 선급금

재고자산의 구입에 앞서, 그 대금의 일부 또는 전부를 지불한 때에 발생하는 채권입니다. 후일, 재고자산을 구입할 권리를 갖게 되는 것이지요.

5. 보증금

매매계약을 확실히 하기 위하여 거래처에 대금 중 일부를 먼저 지급한 경우 발생하는 채권입니다. 후일 계약한 자산을 구입할 권리를 갖게 되는 것입니다. 선급금은 거래처의 자금융통 지원 차원에서 지불하는 것에 반해, 보증금은 어디까지나 매매계약을 확실히 하기 위한 목적으로 지불하는 것입니다.

6. 가지급금

이것은, 금전을 지출했으나 그 과목이나 금액이 아직 확정되지 않은 때에 일시적으로 이 과목(가지급금)으로 표시해 두는 것입니다. 가지급금이 왜 채권일까하는 생각을 할 수도 있겠지만, 가지급한 상대에게 돈을 빌려 준 것으로 보아 후일 돌려 받을 수 있는 권리를 갖게 된 것으로 이해하면 됩니다.

05 선급비용이 왜 자산일까?

당좌자산에는 선급비용이라고 하는 약간 이상한 과목도 포함되어 있습니다. 선급비용이라면서 어째서 자산인 것일까 하는 생각으로 몹시 혼란스럽지요? 먼저 이 점부터 설명해 드리겠습니다.

선급비용의 대표적인 것으로 선급보험료가 있습니다. 이것은 다음 그림과 같이, 당기에 지불한 금액 중 차기 보험료로 충당되는 것을 말합니다.

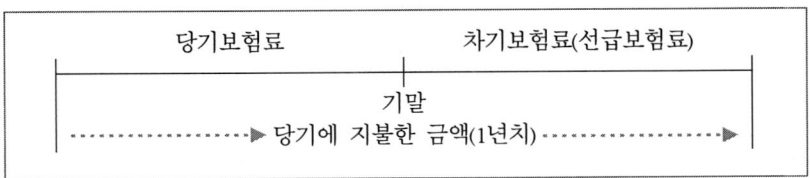

선급보험료가 위의 그림의 어느 부분에 해당되는지 이해하셨다면, 그럼 도대체 왜 선급보험료가 자산일까요? 이것은 다음과 같이 생각해 보면 좋을 것입니다.

만약 선불된 기간 중에 화재가 발생한 경우 보험금을 청구하게 되는데, 이 보험금을 받을 수 있는 권리를 표현하는 것이 선급보험료인 것입니다. 권리이므로 자산으로 표현되는 것이지요.

담·아·두·기

미수수익이 왜 자산일까?

당좌자산에는 미수수익이라고 하는 조금 낯선 것이 있습니다. 미수수익이라면서 어째서 유동자산일까 하는 것은 초심자로서는 아직 뚜렷한 개념이 서지 않으리라 봅니다. 그래서 알기 쉽도록 미수이자의 예를 들어 설명해 드리겠습니다. 미수이자는 다음 그림과 같이 당기에 수령할 금액 중 아직 받지 않은 부분이라 할 수 있습니다.

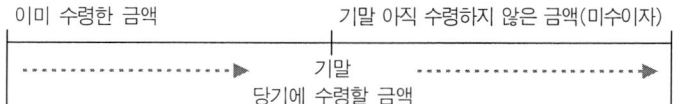

미수이자가 위의 그림의 어느 부분에 해당되는지를 알 수 있으리라 생각합니다. 그러면 대체 어째서 미수이자가 자산일까요? 이것은 다음과 같이 생각하면 됩니다. 미수분 즉 아직 수령하지 않은 부분은 당연히 받을 수 있는 것으로, 그 이자를 받을 수 있는 권리를 나타내는 것이 미수이자인 것입니다. 권리이므로 자산인 것이지요. 미수수익에는 이 밖에도 미수수수료 등 여러 가지가 있습니다만, 무엇이든간에 "권리"라 생각하고 유동자산에 포함시키면 됩니다.

06 당좌자산의 평가

　당좌자산의 내용을 모두 알아보았으니 이번에는 당좌자산에 관한 평가문제를 생각해 보도록 합시다. 먼저 현금과 예금으로, 이들에 대해서는 평가할 필요는 거의 없습니다. 현금이나 예금은 그 자체가 화폐가치에 의해 표현되어지고 있기 때문입니다. 다만, 외국화폐를 가지고 있는 경우에는 결산일의 환시세에 의한 환산액으로 평가할 필요가 있습니다.
　다음으로 받을어음과 외상매출금에 대한 평가문제를 생각해 볼까요? 받을어음과 외상매출금은 하나로 취급되어져 매출채권이라고 불리우고 있는데, 이들을 장부가액 그대로 평가하여 재무상태표에 표시하는 것은 옳지 않습니다. 왜냐하면, 매출채권은 상대방이 있기 때문에 반드시 예정대로 돈을 받을 수 있다고 단정할 수는 없기 때문입니다. 받을어음의 경우를 보면, 만기일에 돈이 들어오겠지 하고 별 생각없이 기다리고 있었는데 상대회사가 갚지 않아 버리는, 이른바 부도가 나 버리는 경우가 있습니다. 외상매출금의 경우에도 만기일에 수금하러 가면 받을 수 있겠지 하고 생각하고 있어도 상대방이 지불해주지 않으면 그만인 것입니다. 이것이 바로 대손(貸損)이라는 것입니다.
　이와 같이 매출채권은, 장부에 기입되어 있는 금액이 별일 없이 손에 들어오겠지 하는 생각은 안일한 생각으로 부도나 대손을 예상하여 확실하게 받을 수 있는 금액으로 평가할 필요가 있는 것입니다. 어떠한 매매에도 이와 같은 위험은 있을 수 있습니다만, 할부판매가 많은 경우에는 특히 위험이 크다고 할 수 있겠습니다.

그런데 부도나 대손의 위험은 어느 정도로 예상해야 옳을까요? 이에는 몇 가지 방법이 마련되어 있습니다. 가장 합리적이라 할 수 있는 방법은 그 기업의 지금까지의 발생률을 참고로 하여 앞으로의 경제정세를 가미해 추정하는 방법이겠습니다. 부도나 대손의 예상액이 구해지면 다음으로 그것을 어떻게 나타내야 좋은지 생각해 보도록 하지요.

예를들어 외상매출금이 200만원이고 이에 대한 대손예상액이 10만원으로 추정되었다면 확실한 회수액은 190만원이 됩니다. 그러나, 그렇다고 해서 외상매출금을 표시할 때 확실한 회수액만을 기재하는 것은 올바른 회계가 아닙니다. 그것은 대손의 예상액을 산출해도 그것은 어디까지나 예상이지 결코 아직은 실제로 대손이 된 것은 아니며, 어떤 거래처의 외상매출금이 얼마 대손될지는 아직 알 수 없기 때문입니다. 그러므로, 외상매출금으로부터 직접 차감한 형식으로 기재하는 것은 잘못입니다. 그럼 어떻게 해야 좋을까요? 외상매출금으로부터 직접 차감한 형식을 취하지 않고, 간접적으로 차감하는 형식으로 기재하는 방법이 바람직합니다. 이 때문에 대손충당금이라는 항목을 마련한 것이며, 이 항목에게 부도나 대손의 예상액을 표시하는 역할을 맡겨 받을어음, 외상매출금항목과 나란히 기록하도록 하여 확실한 회수액을 계산해 내고 있는 것입니다.

외상매출금	1,000 만원
대손충당금	△100 만원
	900 만원

재미있는 예로, 외상매출금을 주인할아버지라 한다면 곁에 있는 대손충당금은 주인할머니로, 할아버지의 얘기만 듣고 있으면 무척 훌륭한 사람입니다만 할머니의 이야기를 들으면 그 정도의 인물은 아니다라는 것을 알게 된다는 것이지요. 외상매출금의 실질적인 가치를 나타내 주는 것이 대손충당금을 차감한 금액입니다.

지금까지 당좌자산의 평가에 대해 현금과 예금적금, 매출채권을 살펴보았는데, 한가지 더 유가증권에 대해 알아보도록 합시다.

앞에서 말씀드린 바 같이 당좌자산 뿐만 아닌 제반 자산의 평가기준 세 가지 중 가장 우수한 방법은 원가기준입니다. 이 평가방법은 자산의 평가를 취득원가에 의해 행하는 것으로, 구입시점의 가격에 그 제비용을 포함하는 것이었지요. 그러므로 유가증권의 경우에는 산 가격에 구입수수료를 더한 것이 취득원가가 됩니다.

그런데, 결산일의 평가는 물론 취득원가로 하는 것이 원칙이나, 유가증권의 시가가 취득원가와 다른 경우를 생각해 봅시다. 이 경우, 그 유가증권의 가격이 원래의 가격보다 상승되었는가? 아니면 기대에 반해 더 내려갔는가?의 문제입니다. 결산일의 평가는 시가(증권거래소의 시장가격)로 평가하게 됩니다. 시가로 하는 경우 그 결과 가격인상 또는 하락 폭만큼의 평가손익이 발생하는 것이지요.

계정과 계정과목

기업의 재무상태와 경영성과를 명확히 하기 위해서는, 기록·계산하는 단위가 필요합니다. 이 단위를 계정(account, a/c)이라고 하는데, 재무상태를 기록·계산하는 계정에는 자산과 부채, 자본이 있으며, 경영성과를 기록·계산하는 것에는 수익과 비용의 두 가지가 있습니다.

계정에는 현금이라든가 유가증권 등과 같은 구체적인 항목을 마련해 두었는데, 이것이 계정과목(title of account)인 것입니다.

이야기가 더욱 복잡하게 느껴질 지도 모르겠지만, 자산의 평가기준에는 저가기준이라는, 결산일의 시가와 그 자산원가를 비교하여 어느 쪽이든 낮은 가격을 적용하여 평가를 행하는 방법이 있었지요? 이 방법 역시 유가증권을 평가하는 경우에도 사용할 수 있습니다.

고민을 가볍게 하는 가장 좋은 치료법은
신뢰하는 사람에게 자기고민을 이야기 하는 것이다.

요점정리

1. 자산의 분류

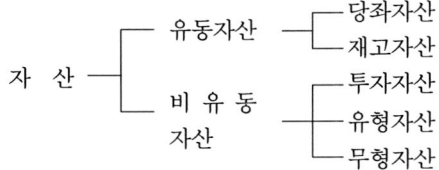

- 분류하는 이유 – 기업의 내용을 보다 잘 파악하기 위해

2. 당좌자산이란 무엇인가

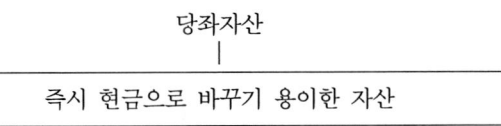

3. 당좌자산에는 어떤 것들이 있는가
   - 현금 – 통화(지폐, 동전)
     현금으로 간주하는 것(당좌수표 등)
   - 예금적금(당좌예금, 보통예금 등)
     * 단, 결산일 다음날부터 1년 이내에 인출할 수 없는 예금적금은 제외한다.
   - 받을어음(후일 어음대금을 받을 수 있는 권리)
     * 단, 돈을 빌려준 증거로서 수취한 어음은 제외한다.
   - 외상매출금(후일 매출대금을 받을 수 있는 권리)
   - 유가증권(주식, 국채, 사채 등)
     * 단, 증권시장에서 유통되지 않는 것, 장기소유 목적으로 보유하고 있는 것은 제외한다.
   - 어음대여금(후일 어음대금을 받을 수 있는 권리)
     * 단, 통상의 영업거래에서 받은 어음을 제외한다.

- 단기대여금 (차용증서의 금액을 받을 수 있는 권리)
  * 단, 1년 이내에 만기가 돌아오는 것
- 미수금(통상적이지 않은 거래로부터 발생한 권리)
- 선급금(재고자산을 구입할 권리)
  * 재고자산의 구입대금을 미리 지불한 때
- 보증금(계약한 자산을 구입할 권리)
  * 거래처에 보증금을 지불한 때
- 가지급금(지불한 금전의 과목이나 금액이 미확정되었을 때)
  * 상대에게 돈을 빌려 준 것으로 간주한다.
- 선급비용 – 선급보험료 등(보험금을 받을 수 있는 권리)
- 미수수익 – 미수이자 등(이자를 받을 수 있는 권리)

4. 당좌자산의 평가
   - 현금, 예금 – 그 자체가 화폐가치에 의해 표현되어져 있으므로 평가할 필요 없음
     * 단, 외국의 화폐는 환율에 의한 환산액으로 평가한다.
   - 매출채권(받을어음, 외상매출금) – 부도나 대손의 예상액을 차감하여 평가한다.
     * 매출채권의 부도, 대손 예상액의 표시방법(예시)

       외상매출금(회수예정액)   100
       대손충당금(회수불가능예상액)   △ 10
                                     90 (확실한 회수예정액)

   - 유가증권 – 취득시 원가기준(취득원가 = 매입가격 + 매입수수료)에 의해 평가한다.
     * 결산시 공정가액 즉 시가에 의하여 평가한다.

제3절 | 유동자산(2) – 재고자산

▶ 재고자산이란 무엇인가를 알아본다
▶ 재고자산의 분류를 안다
▶ 재고자산의 평가를 이해한다

01 재고자산이란 무엇인가?

앞 절에서는 당좌자산을 배웠고, 계속해서 다음은 재고자산을 살펴봅시다. 재고라고 하는 말은 창고에 남아있는 물품들을 조사하는 것을 의미합니다. 따라서 재고자산이란 재고조사를 통해 실제로 얼마나 남아있는가가 확인된 자산이라 할 수 있습니다.

이 재고자산은 업종에 따라 차이가 있는데, 상품매매업의 재고자산에는 상품이나 적송품이나 미착상품이라는 것들이 있으며, 일반제조업의 재고자산에는 원재료, 저장품, 재공품, 반제품, 제품, 부산물 등이 있습니다.

어쨌든, 이들 재고자산들의 공통되는 점은 판매 또는 가공을 목적으로 또는 가공을 목적으로 보유하고 있는 것입니다.

02 재고자산에는 어떤 것들이 있는가?

그러면, 재고자산에는 어떤 것들이 있을까요? 살펴보도록 합시다. 먼저, 상품매매업의 경우 보유하고 있는 재고자산의 내용부터 생각해 봅시다.

1. 상 품

상품은, 상품매매업자가 판매를 목적으로 보유하고 있는 자산입니다. 그러므로 예를 들어 건물이나 토지는 일반기업으로서는 상품이 아닙니다. 일반기업은 건물이나 토지를 판매를 목적으로 가지고 있지는 않기 때문입니다. 그렇지만 부동산업자에게 있어서는 건물이나 토지가 상품입니다. 부동산업자는 건물이나 토지를 고객에게 판매를 목적으로 가지고 있기 때문입니다. 자동차도 일반기업으로서는 자산입니다만 자동차 판매업자에게 있어서는 판매를 목적으로 가지고 있기 때문에 상품인 것입니다.

2. 적송품

상품을 판매력이 있는 거래처에 의뢰해 팔고자 한다든가, 지방에 팔려는데 영업소를 만들기엔 무리일 경우, 적당한 사람에게 부탁하여 팔기도 하는데 이와 같이 타인에게 부탁하여 파는 것을 위탁판매라고 합니다. 계약이 성립되면 상품을 그 사람에게 발송합니다. 이 상품을 적송품이라고 부르는 것입니다. 위탁판매를 목적으로 발송한 상품을 적송품이라고 부르고 다른 상품과 구별하는 이유는 그러한 방법이 상품 관리에 보다 효율적이기 때문입니다.

3. 미착상품

미착상품이라는 것은 문자 그대로 아직 도착하지 않은 상품을 말합니다. 단순히 아직 도착하지 않은 것을 말하는 것이 아니라, 다음과 같은 특수한 경우의 상품을 가리킵니다.

멀리 떨어진 곳으로부터 상품을 사고, 그 상품이 자기 쪽으로 철도나 트럭 또는 선박으로 운송 중에 있을 때, 그리고 운송 중의 상품에 대한 화물교환증·선하증권을 입수했을 때 그 상품을 미착상품으로 처리하는 것입니다.

화물교환증이나 선하증권이라는 서류는 화물을 대표하는 증권으로서 운송 중의 상품의 소유권을 대표하는 것입니다. 따라서 화물대표증권 자체가 상품과 동일한 가치를 가지고 있어 화물대표증권을 매매하는 것에 의해 운송 중의 상품을 매매할 수도 있는 것입니다. 이처럼 화물대표증권은 매우 중요한 서류이므로, 화물대표증권을 입수했을 때 미착상품이라고 처리해야만 하는 것입니다.

계속해서 제조업이 보유하고 있는 재고자산의 내용을 살펴봅시다.

1. 원재료

이것은 제품 생산에 사용되는 원료나 재료 등입니다. 이 중 원료라고

하는 것은 화학적인 변화를 거쳐 제품이 되는 것으로, 콩(간장 제조업의 경우), 원유 등이 이에 해당됩니다. 재료라고 하는 것은 물리적인 변화에 의해 제품이 되는 것으로서 가구제조업의 목재 등이 이에 해당된다고 할 수 있습니다.

2. 저장품

저장품에는 세 가지가 있는데, 그 하나는 연료이며 다른 하나는 공장소모품이라고 불리우는 것으로 기계유(機械油)나 못, 나사 등이 이에 속합니다. 한 가지 더 소모공구·기구·비품이라 불리우는 것이 있습니다. 이것은 1년 이내에 사용될 것으로 단가가 비교적 낮은 드라이버나 전류계 등을 말합니다.

3. 재공품

이것은 영어로 work in process라고 하는 것으로 생산과정 중에 있는 것을 말합니다.

4. 반제품

이것은 중간제품이라고도 합니다만, 제조과정 도중에서 작업이 종료되어 그대로 외부로 팔려나가는 것을 말합니다. 반제품은 재공품과 구분이 모호하다고 생각할 수 있습니다만, 반제품은 그 상태로 판매할 수 있는 것에 비해, 재공품은 팔 수 없는 상태라는 차이점이 있습니다. 예를 들면 나무로 책상을 만드는 경우, 나무로 된 합판(반제품)은 팔 수 있지만, 만들다만 책상(재공품)은 팔 수가 없지요.

5. 제 품

제품은 완성품이라고도 불리웁니다만, 모든 제조과정을 마쳐 팔 수 있는 상태로 된 것을 말합니다. 거듭 말씀드리자면 앞 페이지에서 설명한 바와 같이 예를 들어 나사는 일반 제조기업에게는 저장품이 되겠지만, 나사를 전문으로 만들고 있는 기업에게 있어서는 제품이 되는 것입니다. 한 가지 더 말씀드리고 싶은 것은 제품과 상품의 차이점입니다. 제품도 상품도 그것을 거래처에 판다는 점에서는 공통점이 있습니다만, 조달원천(?)이 다릅니다. 즉, 제품은 자사에서 만든 물품인데 반해 상품은 다른 곳으로부터 사 들여 그대로 거래처에 파는 물품을 말합니다.

6. 부산물

이것은 제품을 생산하는 과정에서 필연적으로 발생하는 부차적인 것을 가리킵니다. 예를 들면 술을 제조하는 기업의 경우, 술이라는 제품을 만드는 과정에서 술지게미라는 부차적인 물품이 필연적으로 발생합니다. 이 술 지게미라는 것이 부산물인 것입니다. 부산물로서는 이 밖에도 비누를 만드는 과정에서 발생하는 글리세린이나, 밀가루를 만드는 과정에서 발생하는 밀기울 등이 있습니다.

03 재고자산의 취득원가

　재고자산의 취득원가는 재고자산의 평가에 연결된 문제로서 중요합니다. 재고자산의 평가에 대해서는 뒤에서 다시 설명하고 있습니다만 먼저 재고자산의 취득원가에 대한 개념을 알아봅시다.
　앞에서도 잠시 살펴본 바와 같이 재고자산 가운데 상품이나 원재료 등과 같은 외부로부터 사서 취득한 자산은, 매입할 때의 가격에 살 때 든 여러 가지 비용을 더한 금액이 취득원가가 됩니다.
　이러한 비용에는 다음에서 들고 있는 것처럼 여러 가지가 포함될 수 있습니다.

인수운임	보관료	운송보험료	매입수수료	관세	하역료
검수비용	보관장소에서 영업소까지의 운송비		기타경비		

　재고자산 가운데 제품과 같이 자체적으로 생산한 자산은 제조에 필요한 재료비와 노무비, 그리고 경비를 합한 금액, 즉 제조원가가 취득원가가 됩니다.

04 재고자산의 원가배분

　재고자산은 취득한 후, 어떠한 운명을 걷게 될까요? 재고자산 가운데 상품과 같은 것은 팔리게 되면 꺼내어져 거래처로 인도됩니다. 재고자산 중 원재료와 같은 것은 제조할 때 보관하고 있던 장소에서 불출되어 제조현장으로 건네집니다. 이것이 재고자산이 걷게 될 운명입니다만, 상품이든 재료이든 어떤 기간 내에 산 물품이 그 기간 내에 하나하나 전부 출고되는 일은 거의 없다고 해도 좋을 것입니다. 출고되지 않고 남는 부분이 반드시 있기 마련입니다.
　이 점에 관해 생각해 봅시다. 상품을 예로써 말씀드리면, 지금 취득원가 1,000만원 중 출고된 부분이 800만원이라고 한다면 남아있는 부분은 200만원이 될 것입니다. 이와 같이 상품의 취득원가는 출고된 부분(매출원가)과 남은 부분(재고자산)으로 나뉘어지는데 이를 재고자산의 원가배분이라고 하는 것입니다.

05 재고자산의 출고액

　재고자산의 취득원가는 출고된 부분과 남겨진 부분으로 분류됩니다만, 여기에서는 출고된 부분(출고액이라고 한다)에 관해서 공부하도록 합시다.
　출고금액은 출고된 재고자산의 단가와 수량을 곱하면 구할 수 있습니다. 지극히 상식적인 방법이지요. 예를 들어 단가 50원의 물품을 6개 꺼내 썼다면 300원이 된다는 것을 알 수 있습니다.

> 재고자산의 출고금액 = 출고단가 × 출고수량

출고수량과 단가를 곱하여 구한다는 것을 알아 보았습니다만, 이번에는 그 수량과 단가는 어떻게 계산해야 좋은지를 설명해 드리겠습니다.

1. 출고수량의 계산 방법

그러면 먼저, 재고자산의 「수량」은 어떻게 계산해야 하는지에 대해 생각해 봅시다. 여기에는 장부재고조사법과 실지재고조사법의 두 가지 방법이 있습니다.

우선 장부재고조사법부터 설명하도록 하지요. 이 방법에서는 상품의 경우에는 상품재고장, 재료의 경우는 재료원장, 제품의 경우에는 제품원장이라는 장부를 이용하여 각 재고자산의 입출(入出)을 기록합니다. 이와 같이 장부를 이용하고 있어 장부재고법이라고 불리웁니다만 어떠한 경우이든 재고자산의 종류별로 입출고때마다 그 입고량, 출고량, 잔고량을 계속해서 기록하고 있습니다. 이처럼 입출을 계속하여 기록하기 때문에 계속기록법이라고도 불리우고 있습니다. 가장 중요한 출고량은 장부상의 출고란에 기록한 수치를 합계하여 구할 수 있도록 되어 있습니다.

장부재고법에 이어서 실지재고법을 설명하지요. 이 방법에서는 장부재고법과 같이 장부를 이용하지 않고, 그 대신 결산일이 되면 일일이 남아있는 물품들을 헤아려 현재의 수량을 조사하는 것입니다. 이와 같이 실제 창고에 있는 현품을 헤아리는 방법이기 때문에 실지재고법이라고 불리우는데, 가장 중요한 출고량은 다음과 같은 계산에 의해 구할 수 있습니다.

입고량 – 결산일 현재의 잔고량 = 출고량

실지재고법에서는 출고하는 시점에서는 출고량을 기록하지 않으므로 위 식에 의해 구해진 출고량은 어디까지나「이 정도 출고되었겠군!」이라는 추측된 수치인 것입니다. 예를 들어 100개 입고했다고 합시다. 결산일에 헤아려보니 20개가 남아있어 그렇다면 80개 출고했겠구나 하고 추정하는 것입니다.

그런데 이 실지재고법의 약점은 출고하였다고 간주된 것 가운데 이상한 부분이 있어도 그를 발견할 수 없다는 점입니다. 만일 도둑이 든 경우에도 위의 식에 의하면 도난당한 부분까지도 출고량이 되어 버리고 맙니다.

또한 보관도중 이상이 생겨 폐기해 버린 경우 역시 그만큼이 출고량에 포함되어 버립니다. 분실한 경우도 역시 마찬가지가 되겠지요.

이러한 까닭에, 실지재고법에서는 정식으로 출고된 부분과 그렇지 않는 부분(도난 등)의 구별이 불분명해져 일괄적으로 출고량으로 되어 버리는 것입니다. 그것은 위의 식을 보면 잘 알 수 있을 것입니다.

요컨대 결산일에 헤아려보아「그 자리」에 없는 것은 모두 출고량으로 간주하는데 그 원인이 있는 것입니다.

그런데, 먼저 배운 장부재고법의 경우에도 도난, 파손, 분실 등에 의한 재고자산의 소멸분은 잘 파악할 수 없을 것입니다. 따라서 가장 좋은 방법은 장부재고법을 채용해 두고, 도난 등에 의한 소멸분을 체크하기 위해 실제의 재고를 헤아리는 방법을 병행하여 운용하는 것입니다. 그리고 만약 소멸분이 발견되면 장부에 그 내용을 기입하는 것이지요.

2. 출고단가의 계산방법

출고금액을 구하기 위해서 우선 출고량의 계산방법을 배워보았는데, 계속해서 출고단가의 계산방법을 생각해 볼까요?

여기에서 문제가 되는 것은, 동일한 재고자산의 취득원가가 취득한 날보다 비싸다거나 싸다거나 하는 경우, 출고한 재고자산의 단가는 어떻게 결정해야 하는가 하는 점입니다. 취득원가가 계속해서 일정하다면 문제는 없습니다만, 실제로는 주위의 경제정세에 따라 오른다거나 내린다거나 한다는 것이지요. 그러면 어떻게 하여 출고단가를 결정해야 할까요? 여기에는 개별법, 선입선출법, 후입선출법, 이동평균법, 총평균법 등 각종의 방법이 있습니다.

먼저 개별법을 알아볼까요?

이 방법은 출고할 때마다 그 각각의 취득원가를 조사하는 방법으로, 조사한 취득원가를 출고단가로 하는 것입니다. 이와 같이 하나하나 개별적으로 취득원가를 조사하여 출고단가를 결정하는 방법이기 때문에 개별법이라고 불리우고 있는데, 이 방법은 가장 정확한 방법이라 할 수 있습니다. 무엇이든 개별적으로 조사하는 철저한 방법이므로 가장 정확한 출고단가가 결정되기 마련입니다.

그러나, 반면 커다란 결점이 있습니다. 그것은 개별법을 채용하기 위해서는, 취득원가가 동일한 것끼리 한 장소에 모으고, 취득원가가 다른 것은 보관장소를 구별해야만 한다는 것입니다. 또한 재고자산의 종류가 많고 그 수량도 엄청난 기업의 경우에는 그 하나하나에 대해 취득원가를 조사한다는 것이 현실적으로 불가능한 일입니다. 이것은 그야말로 치명적인 결점으로, 실제로는 거의 사용되지 않고 있지요.

그래서 비현실적인 개별법을 대신하는 것으로서 선입선출법이나 후입선출법 등의 방법이 사용되어 지고 있습니다. 이들 방법의 특징은 개별법과 같이 출고할 때마다 취득원가를 조사하지 않는다는 점입니다. 실제로 출고한 재고자산의 취득원가가 어떻든간에 그것과는 관계없다고 하는 가정을 토대로 하여 출고단가를 결정하려는 것입니다. 그 가정을 적용하는 방법에 따라 선입선출법, 후입선출법, 이동평균법, 총평균법 등 각종의 방법이 있는데, 이들에 관해서 지금부터 차례차례 설명해드리도록 하지요.

먼저 선입선출법에 대해 말씀드리겠습니다. 이 방법은 실제로 출고한 재고자산의 취득원가가 어떻든 간에 그것과는 관계없이 「먼저 들어온 물품부터 먼저 출고한다」고 가정하고, 이 가정에 의거하여 출고단가를 결정하려는 것입니다. 그러한 이유로 선입선출법이라 불리우고 있는데, 이 방법은 예를 들어 먼저 입학한 학생부터 먼저 졸업해 나간다는 학교와 비슷합니다. 더욱이 학교의 경우에는 유급되거나 휴학하는 사람도 있고 해서 반드시 「선입선출」의 순서가 지켜진다고는 할 수 없지만, 회계의 경우에는 예외없이 극히 질서정연하게 지켜져야 하는 것입니다.

　선입선출법은 재고자산을 사 들인 순으로 출고한다고 가정하고 있으므로 매입순법이라고도 불리웁니다. 구체적인 예를 들어 보겠습니다. 4월 5일에 A상품을 500원으로 매입처로부터 인수하였으며, 4월 10일에 A상품을 매입할 때에는 가격이 올라 700원으로 사 들였습니다. 그런데 4월 15일에 1개를 출고하기로 하였습니다. 창고에는 2개의 상품이 있지요? 실제로는 이 중 아무것이나 출고하게 되지만, 선입선출법의 가정에 의하면 실제로는 어떤 것이 출고되는가와 관계없이 먼저(4월 5일) 들어온 취득원가 500원짜리가 출고된 것으로 간주한다는 것입니다. 그러나 이 예에서는 알기쉽도록 입고량을 적은 숫자로 예를 들어 보았으나 현실에서는 몇 백, 몇 천이라는 숫자가 될 것입니다.

　다음으로 후입선출법을 설명하도록 하지요.

　이 방법은 실제 출고한 재고자산의 취득원가가 어떻든 간에 그것과는 관계없이「나중에 들어온 물품부터 먼저 출고한다」하고 가정하고, 이 가정에 의거하여 출고단가를 결정하려는 방법입니다. 그러한 이유로 후입선출법으로 불리웁니다만, 재고자산을 매입한 역의 순서로 출고한다고 가정하기 때문에 매입역법이라고도 부르고 있습니다. 구체적인 예를 들어 이야기해 봅시다.

　위의 경우와 같이 4월 5일에 A상품을 500원으로 매입처로부터 사 들였습니다. 4월 15일에 A상품을 사려니까 가격이 올라 700원으로 매입하였습니다. 4월 20일에 1개 출고하게 되었습니다. 창고에는 2개의 상품이 있지요? 실제로는 이 중 어느 쪽인가를 출고하게 되겠지만, 후입선출법의 가정상으로는 실제 출고된 것과는 관계없이 나중에(4월 15일)

입고된 취득원가 700원짜리를 출고한 것으로 봅니다.

계속해서 이동평균법을 살펴보겠습니다.
이 방법은 실제로 출고한 재고자산의 취득원가가 어떻든 간에 그와는 관계없이 「입고할 때마다의 평균단가」를 가정하고, 이를 출고단가로 하는 방법입니다. 이 방법에 의하면 입고할 때마다의 평균단가를 구하는 데 평균단가가 그 때마다 이동하기 때문에 이동평균법이라 불리웁니다.
평균단가를 구하는 식은 다음과 같습니다.

$$평균단가 = \frac{(기초재고액 + 입고액)}{(기초재고수량 + 입고수량)}$$

구체적인 숫자를 적용해 살펴봅시다.
3월 1일(전기의 재고) C상품 4개 단가 100원, 3월 15일에 C상품을 6개 입고할 때에는 1개당 150원씩 오른 가격으로 매입했습니다. 그 결과, 창고 안의 상태는 단가 100원짜리 4개와 단가 150원짜리 6개의 C상품이 있게 될 것입니다. 이동평균법은 가정에 의하면 실제의 상태와는 관계없이 위의 식을 적용하여 다음과 같이 평균단가를 가정합니다.

$$\frac{(기초재고액 : 400 + 입고액 : 900)}{(기초재고수량 : 4 + 입고수량 6)} = 평균단가(130)$$

제3장 기업의 재무상태(1) - 자산

이에 의하면 창고 안의 물품은 모두 130원짜리라고 간주하는 것입니다. 3월20일에 7개 출고하게 되었습니다. 창고에는 10개가 있고, 100원 짜리와 150원짜리가 뒤섞여 있습니다. 실제로는 이 중에서 적당히 7개를 출고합니다만, 이동평균법으로는 실제 출고와는 관계없이 평균단가 130원짜리를 출고한다고 보는 것입니다.

마지막으로 총평균법을 살펴볼까요?

이 방법은 실제로 출고된 재고자산의 취득원가가 어떻든간에 그것과는 관계없이「한 기간의 평균단가」를 가정하고, 이를 출고단가로 하는 방법입니다. 이동평균법은 입고할 때마다의 평균단가를 구합니다만, 총평균법에서는 한 기간의 평균단가를 기말에 집계하여 구하는 것이 그 특징입니다. 그래서 총평균법이라고 불리우고 있는데 평균단가를 구하는 식은 다음과 같습니다.

$$평균단가 = \frac{(기초재고액 + 당기입고 총액)}{(기초재고수량 + 당기입고 총수량)}$$

구체적인 숫자를 적용하여 살펴봅시다.

D상품을 당기에는 다음과 같이 입고하였습니다.

4월 1일 전기의 잔고 200원짜리 2개,
4월 10일 220원짜리 3개 입고,
4월 20일 230원짜리 2개 입고,
4월 30일 250원짜리 3개 입고

총평균법의 가정에 의하면 실제 상태와는 관계없이 앞의 식을 이용하여 평균단가를 가정합니다.

$$\frac{(기초\ 재고액 : 400 + 당기\ 입고액 : 1,870)}{(기초\ 재고수량 : 2 + 당기\ 입고\ 총수량 : 8)} = 평균단가 : 227$$

이에 의하여 창고의 물품은 어느 것이든 모두 개당 227원짜리로 간주하게 되는 것입니다.
4월중 다음과 같이 D상품을 출고했습니다.
　4월 15일 227원 3개, 4월 25일 227원 3개
실제로는 그 날 현재 취득원가가 서로 다른 것들이 혼재하고 있기 때문에 출고할 때에는 적당히 출고하게 됩니다만, 총평균법에서는 실제 출고와는 무관하게 4월 15일도 25일도 평균단가인 227원짜리를 출고한 것으로 봅니다.
이 방법의 결점은 평균단가가 그 기간이 종료되기 전에는 구할 수 없다는 것입니다.

3. 출고단가를 결정하는 방법과 출고금액

여기서 출고단가를 결정하는 방법에 따라 출고금액에 어떤 영향이 미치는가를 생각해봅시다.
우선 선입선출법의 경우를 봅시다.
이 방법에서는 먼저 입고한 것부터 먼저 출고한다고 가정하고 있으므

로 가격이 점점 오르는 인플레이션 상황에서는 전에 싼 가격으로 입고한 것부터 출고하게 됩니다. 따라서 출고금액은 조금 낮게 계산됩니다.

재고자산 중 상품을 예로써 설명하면 출고금액은 팔린 부분으로서 매출원가라고 불리우는데, 그 매출원가가 낮게 계산된다는 것입니다. 즉 인플레이션시 선입선출법의 경우 매출이익이 크게 나오는데, 이는 매출원가는 과거의 가격인데 반해, 매출가격은 최근의 가격으로 대응시키기 때문입니다. 이 시기적인 불일치로 인해 발생한 것이 이른바 가공이익인 것입니다. 회계상, 결코 바람직하지 못합니다. 선입선출법에서는 디플레이션으로 인해 가격이 자꾸 내려가고 있는 상황에서는 과거의 높은 가격으로 입고한 것부터 출고시키기 때문에 출고금액은 조금 높게 계산됩니다. 그 결과 매출원가가 높게 계상되어 매출이익이 적게 나오게 됩니다.

다음으로 후입선출법의 경우를 생각해 봅시다.

이 방법에서는 나중에 입고한 것부터 먼저 출고한다고 가정하고 있기 때문에 매출원가는 출고(판매)시점에 가까운 가격이 적용됩니다. 이 때문에 매출가격과 매출원가의 가격을 비교하여 볼 때, 양자가 시기적으로도 떨어져 있지 않아 회계상 퍽 바람직하다고 할 수 있습니다. 이것은 상식적으로 생각해 보아도 수긍이 가리라고 생각됩니다. A의 과거의 기록과 B의 최근의 기록을 비교하는 것은 그다지 의미가 없는 것으로, 양자 모두 동일한 시기의 기록을 비교하는 것이 지극히 마땅할 것입니다. 후입선출법에는 장기적으로 보면 매출이익의 다소는 결국에는 고르게 되기 때문에 이 점에 있어서도 뛰어나다고 할 수 있습니다.

계속해서 그에 관해 살펴보도록 하지요.

먼저 가격이 점차 오르고 있는 인플레 상황에서는 나중(최근)에 높은 가격으로 입고한 것부터 출고하게 됨에 따라 매출원가는 높게 계상됩니다. 매출원가가 높아지면 그 결과 매출이익은 적게 나오게 되지요. 다음으로, 디플레이션시에 후입선출법을 적용하면 가격이 점점 내려가고 있는 상황에 최근에 싼 가격으로 입고한 것부터 출고되므로 매출원가는 낮게 계상됩니다. 그러면 그 결과 매출이익은 크게 계상되는 것입니다. 단, 이 경우에는 인플레이션시 선입선출법을 적용했을 때와 같은 가공이익은 발생하지 않습니다. 왜냐하면 선입선출법에 의해 계상된 가공이익은 후입선출법에서 계상된 매출이익과는 달리 매출가격과 매출원가의 시기적인 불일치에 기인한 것이기 때문입니다.

이와 같이 보면 후입선출법으로 계산을 계속해 나가면 인플레이션시의 낮은 매출이익과 디플레이션시의 높은 이익과는 플러스 마이너스 되어 장기적으로는 매출이익이 평준화된다는 것을 알 수 있을 것입니다.

여러분은 출고단가의 결정방법에 따라 매출원가에 차이가 발생한다는 것을 배우셨습니다. 선입선출법과 후입선출법의 경우에 대해서는 끝났지만, 계속해서 이동평균법과 총평균법의 경우를 살펴보도록 합시다.

이동평균법에서는 새로운 가격의 상품을 입고할 때마다 평균단가를 산출해내 그것을 출고단가로 합니다.

담·아·두·기   **매출이익과 매출총이익**
매출이익이라 함은 매출가격에서 매출원가를 차감한 잔액으로, 회계용어로 매출이익을 매출총이익이라고 합니다. 매출이익이라는 말은 아무래도 실무상의 용어라 하겠습니다.

따라서 상품의 취득원가가 심하게 변동하는 경우에도 평균내어지기 때문에 매출원가가 현저히 변동하는 것을 막을 수 있게 되므로, 그 결과 매출이익도 급격하게 오르락 내리락 하지 않습니다. 예를 들어 말씀드리면 이동평균법은 밀어닥치는 취득원가의 파도를 막아내는 방파제와 같은 역할을 수행하게 되는 것입니다. 이동평균법은 매출원가의 현격한 변동, 나아가서는 매출이익의 급변을 막아주므로 회계상 타당한 계산방법이라고 할 수 있습니다. 그러나 그 반면, 취득원가가 달라질 때마다 평균단가를 계산해야 하기 때문에 매우 번거롭다는 단점이 있습니다.

계속해서 총평균법의 경우를 생각해 봅시다.

이 방법은 일정기간의 평균단가를 일괄하여 산출한 후 이를 출고단가로 하는 것으로, 앞의 이동평균법과 마찬가지로 취득원가가 격심하게 변동하는 경우에도 매출원가의 현격한 변동을 막을 수 있습니다. 더욱 편리한 것은 평균하는 계산이 비교적 단순하기 때문에 이동평균법의 계산에 비해 간단합니다. 다만 평균단가를 기말에 일괄하여 구하기 때문에 기말이 되면 무척 바빠지게 되지요. 또한 앞에서도 잠시 설명한바 있듯이 평균단가가 그 기간이 끝난 후에나 구할 수 있다는 결점도 가지고 있습니다.

06 재고자산과 기말재고

재고자산의 취득원가는 출고된 부분과 남은 부분으로 분류할 수 있습니다. 그 중 매출원가에 대해서 지금까지 살펴보았습니다만, 지금부터는 「남은 부분」을 설명하도록 하지요. 이 남은 부분을 기말재고라고 하는데 매출원가의 경우와 같이 단가와 수량을 곱하여 구합니다.

> 재고자산의 기말재고 = 기말단가 × 기말수량

위의 식에 의거하여 기말수량과 기말단가에 대해서 살펴봅시다.

1. 기말수량

그러면 먼저 기말의 「수량」에 관해 알아봅시다. 수량을 구하는 방법에는 매출원가의 경우와 동일하게 장부재고법과 실지재고법의 두 가지가 있습니다.

담·아·두·기 가공이익

인플레이션 상황에서는 필연적으로 가공이익이 발생하는 것을 피할 수 없습니다. 그 이유는 손익계산서 비용계산의 단위인 화폐와 수익계산의 단위인 화폐의 사이에 두드러진 가치 차이가 있기 때문입니다. 후자의 가치는 전자의 가치보다 현저하게 하락하여 그 차이만큼의 가공이익이 발생하게 되는 것입니다. 즉, 역사적원가를 기초로 하는 전통적인 회계방법은 계산단위인 화폐의 가치는 변하지 않는다는 가정하에 전개되고 있는 것이니 만큼 화폐가치가 하락하는 상황하에서는 그 기본적인 가정이 무너져버리고 마는 것입니다. 따라서, 화폐가치의 불변을 전제로 하여 성립된 종래의 회계상의 제 개념들이 화폐가치하락 상황하에서도 유효하게 그 의의를 상실하지 않기 위해서는, 화폐가치의 하락에 의해 발생된 가치척도의 왜곡을 일정한 기준을 적용하여 동일척도의 수치로 조정하고, 그 통일 가치척도에 의해 일체의 계산을 행하는 방법을 취해야만 할 것입니다.

이들에 대해서는 앞에서 자세히 배웠으니 여기에서는 생략하겠습니다만, 정확한 기말수량을 구하기 위해서는 두 가지 방법을 병행하여 행할 필요가 있습니다.

그런데, 장부재고법에 의한 수량과 실지재고법에 의한 수량이 차이가 나는 경우도 있을 수 있겠지요? 재고자산은 보관 중이거나 운송 중에 도난, 분실, 파손, 증발, 부패, 누수 등의 원인으로 줄어드는 부분이 있기 때문인데, 기말에 두 가지 방법을 병행하여 구해진 수량에 차이가 발생한 때에는 다음과 같이 처리합니다.

	발생수량	회 계 처 리	과 목 명
장부재고수량 / 실지재고수량 (차이가 발생)	통 상	• 매출원가에 포함시킨다	재고자산 감모손실
	이 상	• 영업외비용으로 계상한다	재고자산 감모손실

장부재고법에 의해 구해진 수량을 장부재고수량이라 하고, 실지재고법에 의해 구해진 수량을 실지재고수량이라고 합니다만, 이 양자에 차이가 있을 경우에는 차이가 난 수량의 크고 작음에 따라 회계처리가 바뀌고 있습니다. 만약 그 수량이 기업에 있어 매년 통상적으로 늘 발생하고 있는 정도라면 매출원가에 포함시켜도 관계없습니다. 예를 들어 상품의 경우, 차이부분은 상품의 판매를 위해 출고된 부분(매출원

가) 안에 포함시켜 처리하면 됩니다. 그럼, 구체적인 숫자를 가정하여 살펴볼까요?

- (단가)3,000원 × (장부재고수량)100개 = 30만원
  (이 금액을 장부재고액이라 한다)
- (단가)3,000원 × (실지재고수량) 90개 = 27만원
  (이 금액을 실지재고액이라 한다)
- (장부재고액)30만원 - (실지재고액)27만원 = 3만원
  (이 금액을 재고감모손이라 한다)

장부재고수량과 실지재고수량의 차이는 100개 - 90개로 10개입니다. 이것은 금액으로는 3만원에 해당되는데, 이 정도라면 매년 발생하는 범위를 넘지 않는다고 할 때 매출원가에 포함시켜 처리해도 관계없다는 것입니다. 자, 그러면 예를 들어 매입이 200만원, 매출원가가 170만원이라고 합시다. 이 매출원가 170만원에 예의 재고감모손 3만원을 포함시키면 매출원가는 173만원이 되겠지요? 매출원가에 포함시킨다는 말은 바로 이와 같은 의미입니다.

위의 상황을 손익계산서 상에 나타내면 다음과 같게 됩니다.

```
              손익계산서
매출원가    매    입        2,000,000
            기 말 재 고   △  300,000
                           1,700,000
            재고감모손       30,000
                           1,730,000
```

위 그림을 보면 재고감모손이 매출원가 173만원의 일부를 구성하고 있다는 것을 알 수 있겠지요?

이러한 경우, 재고감모손을 매출원가의 「세부항목으로 계상하다」라고 표현합니다.

그런데, 재고감모손은 매출원가에 포함시켜 처리하기도 하지만, 판매비와 관리비의 항목으로 계상하는 방법도 있다고 했습니다. 이 방법으로는 손익계산서에 다음과 같이 표시됩니다. 그러나 이 방법은 우리 기업회계기준에는 맞지 않습니다.

```
                    손익계산서
매출원가   매     입      2,000,000
           기 말 재 고   △ 300,000
                         1,700,000
판매비와 관리비
           재고감모손       30,000   (판매비와 관리비로 계상)
```

재고의 실제
상품의 입출을 취급하고 있는 사람이 혼자서 재고조사를 한다면 잘못 셀 수도 있고 숫자를 고의로 맞춰버리는 일도 있을 수 있습니다. 이를 방지하기 위해 실지재고조사를 할때 제3자의 입회가 필요한데, 상장회사라면 반드시 담당 공인회계사가 입회해야 합니다. 일반회사에서는 내부감사인 또는 경리부원이 분담하여, 영업소나 공장 창고의 재고조사를 돕는 형식을 빌어 입회하면 효과적입니다.

이번에는 재고자산의 장부재고량과 실지재고량의 차이가 통상 발생하는 범위를 벗어나 그야말로 이상할 정도로 크게 발생하면 앞의 표와 같이 이것 역시 재고감모손이라 이름붙여 영업외비용 또는 특별손실의 항목으로 계상합니다. 그럼 숫자를 가정해 봅시다.

(단가)3,000원 × (장부재고량)100개 = (장부재고액)30만원

(단가)3,000원 × (실지재고량) 70개 = (장부재고액)21만원

(장부재고액)30만원 − (실지재고액)21만원 = (재고감모비)9만원

장부재고량과 실지재고량의 차이는 100개 − 70개로 30개입니다. 이것은 금액으로는 9만원에 해당됩니다만, 이 금액은 매년 발생하는 금액을 넘어 정말 이상하다 할 만큼 많이 발생하면, 영업외비용 또는 특별손실의 항목으로 계상해야 하는 것입니다.

그러면 재고감모손을 영업외비용으로 계상한 경우의 손익계산서를 표시해 봅시다. 영업외비용에 관해서는 뒤에서 더 자세히 배울 것입니다만, 통상의 영업활동 이외의 비용이라는 의미이며, 재고감모손은 그러한 성질을 가지고 있으므로 아래에 나타낸 것처럼 표시해야 합니다.

손익계산서

| 영업외비용 | 재고감모손 또는 재고자산평가손실 | 90,000(영업외비용으로 계상) |

계속해서 재고감모손을 특별손실로 계상한 경우의 손익계산서를 표시해 봅시다. 특별손실에 관해서도 뒤에서 배우겠습니다만, 예년과

같지 않게 이상하리만큼 특히 많이 발생한 손실을 손익계산서상「특별취급」하는 것입니다.

```
                     손익계산서
          ...........
                    재고감모손 또는
          특별손실                    90,000(특별손실로 계상)
                    재고자산평가손실
```

답·아·두·기   재고조작과 분식결산
저성장 시대가 되면 업적 및 성과가 떨어지므로, 이익을 과대하게 표시하는 예가 많은데, 이를 분식결산이라 하며, 이 분식결산을 행하는 방법으로 가장 많은 것이 매출과 비용의 조작입니다. 이 비용 가운데 가감 조작이 용이한 것이 재고입니다. 세무당국이「아무래도 재고금액이 이상하다」라고 의심을 해도 조사를 하는 것은 3~4개월 정도 지나서나 가능하기 때문입니다. 그동안 재고자산은 실제 매매에 의해 변동하고 있으므로, 결산일 현재의 재고량을 체크하고 싶어도 사실상은 대단히 어렵기 때문에 다소 수량을 조작하여도 장부상으로 계산의 앞뒤를 맞춰두면 발각하기 어렵게 됩니다.

3. 기말단가

재고자산의 기말재고액은 기말단가와 기말수량을 곱해서 구할 수 있습니다. 우선 이중 수량의 설명은 끝났으므로, 계속해서 지금부터「기말단가」를 배우기로 합시다.

그런데 기말단가를 결정하는 방법은 재고자산의 출고단가를 결정하는 방법과 같은 관계가 있습니다. 왜냐하면 출고단가를 결정하기 위해 A라는 계산방법을 적용시키면, 기말단가 역시 같은 A라고 하는 계산방법에 의해 계산해 내야 하기 때문입니다.

단가의 계산방법에는 개별법·선입선출법·후입선출법·이동평균법·총평균법 등이 있습니다만, 이들에 대해서는 이미 배운 적이 있습니다. 이 중 개별법은 실제로는 사용하기 어려운 방법이므로 생략해 두고, 선입선출법 등 4가지의 방법에 관해 살펴보도록 하겠습니다.

　먼저 선입선출법의 경우를 생각해 봅시다. 이 방법에서는 먼저 입고한 것부터 먼저 출고한다고 가정하므로 기말에는 최근 입고한 것이 남게 됩니다. 따라서, 기말재고액은 비교적 시가에 가까운 금액으로 되는데 이는 아주 바람직하다 할 수 있겠습니다.

　다음으로 후입선출법의 경우에 관해 살펴봅시다. 이 방법에서는 나중에 입고한 것부터 먼저 출고한다고 가정하고 있으므로, 기말에는 과거에 입고한 것이 남게 됩니다. 따라서, 기말재고액은 비교적 오래 전 금액이 되므로 그다지 바람직하다 할 수 없습니다.

　계속해서 평균법의 경우를 볼까요? 이동평균법이든 총평균법이든 단가가 평균되기에 기말재고액도 시가와 과거 금액의 중간에서 결정되어 집니다.

　그런데 앞에서도 잠시 언급했듯이 자산의 평가는 원가기준이 바람직하다 할 수 있습니다. 원가기준이라 함은 자산의 평가를 취득원가에 의하여 행하는 방법으로, 물론 재고자산의 기말재고액에 대해서도 그와 같이 평가하여야 합니다만, 만약 재고자산의 기말재고액의 시가가 취득원가보다 현저하게 하락해 버렸을 때를 고려해 봅시다.

담·아·두·기　FIFO, LIFO
선입선출법은, first-in first-out method, 약어로 FIFO라고 불리웁니다.
후입선출법은, last-in first-out method, 약어로 LIFO라 불리웁니다.

재고자산의 가격이 원래대로 회복하는가 또는 기대에 반해 하락하기만 하는가에 관련되어 있는데, 원래의 가격(취득원가)으로 회복할 전망이 있으면 기말(결산일)의 평가는 취득원가로 행하지만, 취득원가조차 회복할 전망이 서지 않는다면 결산일의 평가는 시가로 행하게 됩니다. 그 결과 가격 하락분 만큼의 평가손이 나오게 되는 것이지요. 이는 다음과 같이 처리합니다(재고자산평가손실이라 한다).

		회계처리	과목명
(실지재고량)×(취득단가) 취득원가	} 평가손실 …… (실지재고량)×(시가의 단가) ……… 시 가	• 영업외비용으로 계상	재고자산 평가손실

그러면 숫자를 가정해 볼까요?
   (취득단가)3,000원×(실지재고량)90개=(취득원가)27만원
   (시가단가)1,000원×(실지재고량)90개=(시가)9만원
   (취득원가)27만원−(시가)9만원=(상품평가손)18만원

시가는, 취득원가의 2분의 1이나 떨어져 그 하락폭이 현저합니다. 따라서 취득원가조차도 회복할 전망이 보이지 않기에 상품평가손실을 영업외비용 또는 특별손실의 항목으로 계상해야 하는 것입니다. 위의 상황을 손익계산서 상에 표시하면, 다음과 같이 될 것입니다.

```
                    손익계산서
    ················
    영업외비용    재고자산평가손실   180,000(영업외비용으로 계상)
```

이번에는 상품평가손을 특별손실로 계상한 경우의 손익계산서를 작성해 봅시다.

```
                    손익계산서
    ················
    특 별 손 실   재고자산평가손실   180,000(특별손실로 계상)
```

지금까지 원가기준에 의거한 기말재고자산의 평가를 살펴보았습니다. 앞에서 이야기한 바와 같이, 원가기준 외에 저가기준이라고 하는 방법도 있습니다. 이는 결산일에 있어 그 자산의 취득원가와 시가를 비교해 보아, 어느 쪽이든 낮은 쪽의 가격에 의해 자산을 평가하려는 것으로, 이번에는 이 저가기준을 고려해 생각해 봅시다.

예를 들어, 기말재고자산의 취득원가를 30만원, 시가를 25만원이라고 합시다. 이 경우, 저가기준에 의해 평가하면 낮은 쪽, 즉 시가인 25만원이 기말재고가 됩니다. 그 결과, 취득원가와 시가와의 차액 5만원이 평가손이 되는데, 이 평가손도 재고자산평가손실이라고 합니다. 이는 다음과 같이 처리합니다.

	회계처리	과목명
상품평가손 ………	• 매출원가에 포함한다 　또는 • 영업외비용으로 계상한다	재고자산평가손실 또는 상품평가손실

그럼, 상품평가손실을 매출원가에 포함하여 처리해 봅시다. 매입액은 500만원, 매출원가는 470만이라 한다면, 이 매출원가 470만원에 예의 상품평가손 5만원을 포함하면 매출원가는 475만원이 됩니다.

위의 상황을 손익계산서상에 표현하면, 아래와 같이 됩니다.

```
                    손익계산서
  매출원가     매     입    5,000,000
               기 말 재 고   (300,000)
                            4,700,000
               상품평가손      50,000
                            4,750,000  (매출원가에 포함)
```

다음으로, 상품평가손을 영업외비용으로 계상한 경우의 손익계산서를 작성해봅시다.

```
                    손익계산서
        ┌┈┈┈┈┈┈┈┈┈┐
        ┊         ┊  상품평가손 또는
        영업외비용    재고자산평가손실   50,000(영업외비용으로 계상)
```

아래에 재고자산의 기말재고에 관련해 나오는 과목명을 일람표의 형식으로 정리해 보았는데, 머리 속에 잘 정리해 놓으시기 바랍니다.

```
              ┌─ 장부재고량과  ┈┬─ 경   상 : 재고감모손 - 매출원가
              │   실지재고량의 차이 └─ 비경상 : 재고감모손 - 영업외비용
재고자산의   ─┤                      또는 특별손실 : 상품평가손
기말재고      │
              └─ 단가 ┌─ 원가기준(현저히 하락하여 회복할 전망이 없을 때)
                     └─ 저가기준 : 상품평가손
현, 우리나라 기업회계기준에 의하면 모두 재고자산평가손실의 과목으로 함
```

4. 재고자산의 특수한 평가방법

지금까지의 설명에서는 재고자산의 평가를 원가기준이나 저가기준으로 행하는 경우를 다루어 보았는데, 이들 평가방법을 적용할 수 없는 기업도 있습니다. 예를 들면 백화점과 같은 업종이 그에 해당됩니다. 이와 같이 기업중에는 취급하는 상품의 종류가 대단히 많아서 하나 하나의 상품에 대해 원가를 조사할 수 없는 기업들도 있습니다.

그러나, 그렇다고 해서 평가하지 않을 수는 없으므로, 별도의 방법을

생각해 내지 않으면 안됩니다. 그러한 이유로 마련된 것이 매출가격환원법(또는 소매재고법)이라고 불리우는 것입니다. 이 방법은, 기말재고를 매가로 계산하여, 여기에 원가율을 곱해 취득원가를 역산해 냅니다. 원가율이라고 하는 것은 다음의 식에 의해 구할 수 있습니다.

$$원가율(\%) = \left\{ \frac{(매입 : 원가)}{(매입 : 매가)} \right\} \times 100$$

기초상품재고가 있는 경우에는, 다음의 식에 의합니다.

$$원가율(\%) = \left\{ \frac{(기초상품재고 : 원가) + (매입 : 원가)}{(기초상품재고 : 매가) + (매입 : 매가)} \right\} \times 100$$

다만, 이 평가방법을 이용하는 경우에는 가능한 한 원가율이 비슷한 재고자산 별로 그룹을 만들어, 그룹별로 계산하는 것이 좋습니다.

요점정리

1. 재고자산이란 무엇인가
   재고조사에 의해 실제로 얼마가 남아있는가 확인된 자산

2. 재고자산에는 어떤 것들이 있는가
   - 상품매매업
     - 상품 (판매를 목적으로 보유하고 있는 자산)
     - 적송품 (위탁판매를 위해 발송한 상품)
     - 미착상품 (운송 중의 상품에 대한 화물대표증권을 입수한 때)
   - 제 조 업
     - 원재료 (제품을 생산할 목적으로 사용될 자산)
     - 저장품 (연료, 공장소모품, 소모공구기구비품 등)
     - 재공품 (생산 공정 중의 것)
     - 반제품 (공정 중 작업을 종료해 그대로 팔 수 있는 것)
     - 제품 (완성품)
     - 부산물 (필연적으로 발생하는 부차적인 것)

3. 재고자산의 취득원가
   - 상품의 취득원가 = 매입한 가격 + 매입시의 제부대 비용
   - 제품의 취득원가 = 재료비 + 노무비 + 경비

4. 재고자산의 원가배분
   - 재고자산의 취득원가
     - 원가배분 ┌ 출고된 부분 ⇨ 매출원가 ⇨ 손익계산서
              └ 남아있는 부분 ⇨ 기말재고자산 ⇨ 재무상태표

5. 재고자산의 매출원가

   재고자산의 매출원가 = 출고단가 × 출고수량

- 출고수량
  - 장부재고법 — 장부의 기록으로 출고수량을 구함
    - 상품재고장(상품)
    - 재료원장(재료)
    - 제품원장(제품)
  - 실지재고법 — 실제 남아있는 현품을 헤아린다.
    (입고량 − 결산일의 수량 = 출고수량)

※ 출고수량은, 장부재고법과 실지재고법을 함께 적용하여 구하는 것이 바람직하다.

- 출고단가
  - 개별법 — 출고할 때마다 취득원가를 조사해 출고단가로 한다
  - 선입선출법 — 먼저 입고한 것부터 먼저 출고한다고 가정하여 출고단가를 결정
  - 후입선출법 — 나중에 입고한 것부터 먼저 출고한다고 가정하여 결정
  - 이동평균법 — 입고할 때마다 평균단가를 내어가며 출고단가를 결정
  - 총평균법 — 전체기간의 평균단가를 구하여 출고단가로 한다

출고단가의 결정방법과 매출원가(상품의 경우)

방법	매출원가	매출이익	장점 · 단점
선입선출법	인플레 : 적게 디플레 : 크게	크다 적다	• 거짓이익이 발생
후입선출법	인플레 : 크게 디플레 : 적게	적다 크다	• 매출이익이 평준화한다 • 매출원가가 시가에 가깝다
이동평균법	평균화 된다	변동이 작다	• 매출이익의 변동을 막는다 • 계산이 번거롭다
총 평 균 법	평균화 된다	변동이 작다	• 계산이 간단하다 • 단가의 결정시기가 늦어진다

6. 재고자산의 기말재고액

> 재고자산의 기말재고액 = 기말단가 × 기말수량

- 장부재고량과 실지재고량의 차이
  - 재고감모손(경상적) : 매출원가에 포함
  - 재고감모손(비경상적) : 영업외비용으로 계상
- 취득원가의 급격한 하락
  - 상품평가손 : 영업외비용으로 계상
- 저가기준 적용시 평가손
  - 상품평가손 : 매출원가에 포함

기말단가의 결정방법과 기말재고액

	기말재고량	기말재고액	회계상
선입선출법	최근 입고한 것이 남는다	시가에 가깝게 된다	바람직하다
후입선출법	과거에 입고한 것이 남는다	과거 금액으로 된다	바람직하지 않다
이동평균법 총평균법	평균이 된다	시가와 과거금액의 중간에서 결정된다	바람직하다

* 매출가액환원법 (백화점 등에 적합한 재고자산 평가방법)
- 원가율(%) = {매입(원가) / 매입(매가)} × 100
- 기말재고액(원가) = 기말재고액(매가) × 원가율

담·아·두·기 **매출가격환원법과 점원**
이 방법은 재고조사를 행하는 점원등에게 재고자산의 원가를 알려주기 곤란할 때에도 이용됩니다.

제4절 | 비유동자산(1) - 투자자산

▶ 비유동자산의 의의와 분류를 알아본다.
▶ 투자자산의 분류를 알아본다.

01 비유동자산의 의의와 분류

 기업이 보유하고 있는 자산 가운데, 현금 ⇨ 재고자산 ⇨ 매출채권 ⇨ 현금이라는 사이클 밖에 있는 것이 또, 결산일 다음날부터 계산하기 시작하여 1년 이내에 만기가 돌아오지 않는 것도 비유동자산입니다.
 그런데, 앞서 말씀드린 비유동자산에는 어떤 것들이 있을까요? 유형자산, 무형자산, 투자자산 기타 비유동자산 등의 네 가지가 있습니다.
 유형자산은, 구체적인 형태를 가지고 있는 것으로서, 토지, 건물, 자동차 등이 여기에 해당됩니다. 무형자산은 구체적인 형태를 가지고 있지 않은 것으로, 법률상의 권리와 같이 기업에 있어 도움이 되며, 계속해서 쭉 이용할 수 있는 것을 말합니다. 예를 들면, 특허권과 같은 산업재산권이 이에 해당됩니다. 투자자산이란, 장기에 걸쳐 보유하는 유가증권이나, 장기에 걸쳐 빌려 준 장기대여금 등을 말합니다.

02 투자자산과 기타 비유동자산

 투자라고 하는 것은 돈을 불리기 위해, 또는 관계회사를 지배할 목적으로 자금을 투하하는 것을 말하는데, 투자에는 어떠한 것이 있는지 알아봅시다.

1. 돈을 불리기 위한 목적의 투자

여기에는 장기성 예금과 같은 장기금융상품, 투자유가증권, 장기대여금, 투자부동산 등이 있습니다. 정기예금, 정기적금 등과 같이 일년 이상 장기에 걸쳐 이자수익을 목적으로 보유하고 있는 예금을 장기성 예금이라 하며 유동자산의 예금과 구분합니다. 주식이나 사채 등의 유가증권을 이자수익을 목적으로 장기 보유하고 있는 경우나 증권시장에서 유통하지 않는 유가증권은 유동자산으로서의 유가증권과는 구별하여 투자유가증권이라고 부릅니다.

장기에 걸쳐 돈을 대여한 경우는 유동자산으로서의 단기대여금과 구분하여 장기대여금으로 표현합니다.

토지 등의 부동산을 타인에게 빌려주거나 또는 가격상승을 기대하여 보유하고 있는 경우는 유형자산으로서의 토지와는 구별하여 투자부동산이라고 합니다.

2. 관계회사에 대한 투자

여기에는 관계회사 유가증권, 관계회사 장기대여금, 관계회사 출자금 등이 있습니다. 이것들은 결국 관계회사를 지배할 목적으로 보유하고 있는 것이므로 관계회사의 주식을 가지고 있는 경우 관계회사 유가증권, 관계회사에 장기간 돈을 대출해 준 경우 관계회사 장기대여금, 관계회사에 출자한 경우 관계회사 출자금으로 나타냅니다.

관계회사 유가증권과 관계회사 출자금의 차이점은, 「주식」회사에의 출자는 유가증권의 형태를 취하는 반면, 주식회사 「이외」의 회사(유한 회사 등)에의 출자는 유가증권의 형태를 취하지 않는데서 기인하고 있는 것입니다. 하였튼 이러한 관계회사에 대한 투자도 투자유가증권에 포함하여 계산하게 됩니다.

답·아·두·기 관계회사

관계회사란, 회사가 다른 회사의 의결권(주식의 지분)의 과반수를 실질적으로 소유하고 있는 경우, 또는 의결권의 100분의 20 이상을 실질적으로 소유하며 동시에 그 회사의 재무 및 영업 방침에 대해 중대한 영향력을 미치는 것이 가능한 경우를 말합니다.

03 기타 비유동 자산

계속해서 "기타 비유동 자산"을 살펴볼까요? 여기에는 종업원 장기대여금, 장기 선급비용, 장기성 매출채권 등이 있습니다. 종업원에게 장기간 돈을 대출해 준 경우 종업원 장기대여금으로 나타내며, 선급비용 가운데 결산일 다음날부터 계산하여 1년을 경과한 뒤 비용화 되는 것은 유동자산으로서의 선급비용과는 구별하여 장기선급비용이라고 합니다.

또한 장기성 매출채권은 일반적 상거래에서 발생한 1년 이상 장기의 외상매출금과 받을어음을 말합니다.

이외에도 전세권, 전신전화가입권, 임차보증금등도 기타 비유동 자산에 포함이 됩니다.

04 투자자산의 평가

투자자산은 일시 소유의 유가증권과는 다르게 원칙적으로 취득가액 또는 투자가액으로 평가하게 됩니다.

다만, 관계회사가 발행한 주식을 제외한 투자주식중 시장성 있는 투자주식은 증권거래소의 거래가액에 의하여 평가하고 발행주식의 20% 이상의 주식을 소유하고 있는 경우에는 시장성 유무에 관계없이 출자지분의 비율에 의하여 평가할 수가 있습니다.

```
                        ┌ 순수한 투자주식 ┌ 시장성이 있는 주식 : 시가
            ┌ 투자주식 ┤                  └ 시장성이 없는 주식 : 원가
투자유가증권 ┤          └ 관계회사 투자주식 - 지분법
            └ 투자채권 : 원가
```

요점정리

투자자산에는 어떤 것들이 있는가

투자자산
- 돈을 불리기 위한 목적의 투자
- 장기금융상품(정기예금, 정기적금등)
- 투자유가증권 (주식이나 사채를 이자수익을 목적으로 또는 다른 기업을 지배·통제하기 위하여 장기보유하고 있는 경우)
- 장기대여금(장기에 걸쳐 돈을 빌려준 경우)
- 장기성 매출채권(유동자산에 속하지 않는 장기의 외상매출금과 받을어음)
- 투자부동산(이자수익을 목적으로 부동산을 보유하고 있는 경우)
- 보증금(전세권, 전신전화가입권, 임차보증금, 영업보증금)

내게 주어진 단 한번 뿐인 나의 생을 결코 서성거리면서 배회하도록
내버려 두고 싶지는 않다. 그것만이 지쳐가고 있는 내 영혼에게
내가 줄 수 있는 유일한 선물이다.

제5절 | 비유동자산(2) - 유형자산

▶ 유형자산이란 무엇인가를 안다.
▶ 유형자산의 분류를 알아본다.
▶ 유형자산의 취득원가를 알아본다.

01 유형자산이란 무엇인가?

유형자산이란 기업의 영업목적을 달성하기 위하여 1년 이상 계속 사용할 목적으로 보유하고 있는 자산으로서 건물, 토지 등과 같이 구체적인 실체가 있는 자산을 말합니다.

02 유형자산에는 어떤 것들이 있는가?

1. 건 물

점포, 사무실, 영업소, 공장, 창고, 사택 등의 건물 및 건물의 일부인 냉난방설비, 조명설비, 통풍배관설비, 엘리베이터 등도 포함됩니다. 다만, 여기에서 말하는 건물이라고 하는 것은 기업이 기업 본래의 목적으로 사용하는 것을 말합니다. 그러므로 부동산업자가 고객에게 판매할 영업목적으로 보유하고 있는 건물은 유형자산이 아니라 상품인 것입니다. 이 점을 착각하지 않도록 유의해 두기 바랍니다.

2. 구축물

구축물이라는 것은 조금 낯설게 들리기도 하겠지만, 회계용어로도 「토지 위에 정착되어 있으나, 건물에 해당하지 않는 토목설비 또는 공작물」이라고 정의되어 있어 뭐가 뭔지 선뜻 이해가 되지 않을 것입니다. 그래서 구체적인 구축물을 열거하여 이해를 돕고자 합니다. 굴뚝, 담, 가로등, 가드레일, 다리, 탑, 망루, 부두, 제방, 터널, 물탱크, 상수도, 하수도, 경기장, 수영장, 궤도 등을 구축물이라고 합니다.

3. 기계장치

각종의 생산, 공작용의 기계나 장치로, 콘베이어, 크레인 등의 부속설비도 포함됩니다.

4. 선 박

기선, 거룻배, 증기선 등의 수상운반구가 이에 해당됩니다.

5. 차량운반구

자동차, 전철 등 육상운반구가 이에 해당됩니다.

답·아·두·기 자산일까 비용일까

기업에서는 상당액 미만의 비품은 소모품으로 부르며, 유동자산으로 처리합니다. 그러나 그 금액이 작은 경우는 자산으로 취급하지 않고 비용(소모품비)으로 처리합니다. 여기서 「상당액」이라 함은 세법상 100만원입니다.

6. 공구·기구·비품

공작용구, 사무용 기기, 용기, 금고 등으로, 그 중 1년 이상 사용할 수 있으며 상당액 이상의 것이 이에 해당됩니다.

7. 토 지

영업용 건물, 예를 들면 점포의 「부지」나 사택 등의 「부지」 등이 이에 해당됩니다.

8. 건설중인 자산

건물 등의 건설에는 장기간이 소요되는데 그 동안에 발생한 비용을 건설중인 자산(construction in-progress)이라고 하는 항목으로 기록해 둡니다. 그리고 건물 등이 완성된 후, 건물 등의 항목으로 대체합니다. 이 항목을 마련해 두지 않으면 건설 중인 자산에 대해서는 일체 기록에 나타나지 않게 되므로 이와 같이 처리하는 것입니다.

건설가계정이라고도 합니다.

03 유형자산의 취득원가

유형자산을 외부로부터 사들여 취득한 경우에는, 매입시의 가격에 매입에 드는 부수적인 제비용을 포함한 가액이 취득원가가 됩니다. 이 제비용에는 다음에 열거한 것들이 포함됩니다.

> 인수운임, 매입수수료, 설치비, 시운전비용, 등기료, 운송보험료 기타

또한 유형자산을 건설, 제작한 경우에는 건설의 목적으로 쓰인 원가(또는 제작원가)에 이들을 사용하기까지에 필요한 부대비용을 포함한 가액이 취득원가가 됩니다.

04 자본적 지출과 수익적 지출

유형자산의 취득원가에 관련하여 고려해 두지 않으면 안 되는 것은 유형자산에 대해 발생하는 「지출」의 문제입니다.

이 지출에 의해 유형자산의 가치가 증가되거나 사용연수가 늘어나거나 하는 경우에는 지출액을 유형자산의 취득원가에 가산합니다. 이것은 지출에 의해 그 만큼 유형자산의 가치가 높아진다고 하는 생각에 기인한 것으로, 건물의 증축 등이 이에 해당됩니다.

1800년대 영국의 회계에서는 위에서 말씀드린 것과 같은 지출은 기업의 밑천, 즉 자본에서 지불하도록 규정하고 있어, 그러한 이유에서 자본적 지출로 불리워져 오늘에 이르게 되었습니다.

  그런데 그 지출에 의해 유형자산의 가치가 증가하거나 사용연수가 늘어나거나 하지 않고, 이른바 수선비, 유지비 정도로 그치는 경우에는 지출액을 유형자산의 취득원가에 가산하지 않고, 당기의 비용으로 처리합니다. 앞서 말씀드린 당시의 영국 회계에서는 이와 같은 지출은 기업의 수입, 즉 수익에서 지불하도록 규정하여 수익적지출로 불렀으며, 이것이 오늘에 이르고 있는 것입니다.

  실무상으로 볼 때, 자본적지출과 수익적지출의 구별은 상당히 어려워, 어떠한 지출이 있는 경우 즉석에서 판단할 수 없는 것도 적지 않습니다. 그래서 실제로는 일정의 금액을 기준으로 하여, 그 기준액 이내이면 설령 그 중 유형자산의 가치를 증가시키는 부분이 포함되었다하더라도 수익적지출이라 합니다. 그리고 기준액을 넘는 금액이면 유형자산의 취득원가에 가산하지요.

꼭 바꾸어야 할 것은 삶에 대한 자신의 태도이건만
많은 사람들은 자신의 삶 자체가 바뀌기를 바란다.

요점정리

1. 비유동자산의 분류

   - 자산 ┬ 유동자산
          └ 비유동자산 ┬ 투자자산
                       ┤ 유형자산
                       └ 무형자산

2. 유형자산에는 어떤 것들이 있는가

   - 유형자산 ┬ 건물(자사에서 사용하고 있는 건물)
              ├ 구축물(굴뚝, 담, 가로등, 수영장 등)
              ├ 기계장치(각종의 생산, 공작용의 기계나 장치)
              ├ 선박(기선, 거룻배, 증기선 등)
              ├ 차량운반구(자동차, 전철 등)
              ├ 공구·기구·비품(1년 이상 사용할 수 있는 상당액 이상의 것)
              ├ 토지(점포나 사택의 부지 등)
              └ 건설중인 자산(건설 중의 비용을 기록해 둠)

3. 유형자산의 취득원가

   - 매입한 경우 = 매입가격 + 매입시 제비용
   - 건설, 제작한 경우 = 건설원가(제작원가) + 부대비용

4. 자본적지출과 수익적지출

   - 지출 ┬ 유형자산의 가치가 증가 ─┬ 취득원가에 가산
          ├ 사용연수가 증가 ────────┘
          └ 수선비, 유지비 정도 ──── 비용으로 처리

담·아·두·기   재무회계, 관리회계

과거의 기록에 근거하여 기업의 재무상태와 경영성적을 명확히 하기 위해 「재무제표」를 만드는 회계를 재무회계라고 합니다. 재무회계는 〈지금까지는 이러했었다〉라는 것을 외부인(주주, 거래처, 세무당국 등)에게 보고하는 것을 목적으로 하고 있습니다.
이에 반해 미래를 예측하기 위해 필요한 회계자료를 경영자에게 제공하여 기업을 「관리」하는데 도움이 되는 회계를 관리회계라고 부릅니다. 관리회계는 〈지금부터 이렇게 하고 싶다〉라고 하는 방침을 세우는 것을 목적으로 하며, 기업내부 경영자가 이용합니다.

제6절 | 비유동자산(3) – 무형자산

▶ 무형자산의 분류를 알아본다
▶ 무형자산의 취득원가를 알아본다

01 법률상의 권리

　법률상 인정되는 권리를 무형자산이라 부르는데, 문자 그대로 형태는 없습니다만 기업에 있어 도움이 되며 계속해서 일정기간 독점적, 배타적으로 이용할 수 있는 것으로, 매우 훌륭한 자산이라 할 수 있습니다.
　그러면, 법률 상의 권리에는 어떤 것이 있는지, 그 중 몇 가지 중요한 것들을 살펴보도록 하지요. 이 중 특허권, 실용신안권, 의장권 및 상표권은 산업재산권으로 일괄하여 표시합니다.

1. 특허권

　특허법에 의해, 발명한 것을 "독점"할 수 있는 권리입니다.

2. 실용신안권

　물품의 형태, 구조, 조합에 관해 실용적인 형태를 새롭게 고안해 낸 경우, 실용신안법에 의거, 그 물품의 제작, 사용, 판매를 "독점"할 수 있는 권리입니다.

3. 의장권

물품의 형태, 모양, 색채 또는 이들의 결합한 새로운 의장(디자인)을 고안해 낸 경우, 의장법에 의해, 그 물품의 제작, 사용, 판매를 "독점"할 수 있는 권리입니다.

4. 상표권

자체적으로 제조, 판매를 영위하고 있다는 것을 표시하기 위해 제작한 상표(트레이드마크)를 상표법에 의거, "독점"할 수 있는 권리입니다.

5. 광업권

석탄, 금, 은 등의 광물을 채굴하여 취득할 수 있는 권리로서 광업법에 의하여 등록하여 독점적·배타적으로 채굴하여 취득할 수 있는 권리입니다.

6. 어업권

이것은 수산업법에 의하여 등록된 일정한 수면에서 독점적·배타적으로 어업을 경영할 권리를 말합니다. 즉 김이나 미역 등의 양식업 등에 적용하는 것입니다.

7. 차지권

차지권이란 임차료 또는 토지의 사용료를 지급하고 다른 사람이 소유하는 토지를 사용하거나 수익할 수 있는 권리입니다. 여기에는 지상권이 포함되며, 지상권은 다른 사람의 토지에 있는 공작물이나 나무 등을 소유하고자 그 토지를 사용하는 권리입니다.

8. 창업비

회사를 설립하여 개업을 할 때까지 지출한 여러 가지 비용을 말합니다. 예를들면 회사설립시에 지출되는 정관작성비, 주식모집 및 발행비, 설립등기비용, 설립사무소운영비 등의 비용과 설립등기후 실제 개업할 때까지 발생한 사업인·허가비용, 건물의 임차료, 광고선전비, 통신비, 사무용소모품비 등의 개업준비 비용을 말합니다.

9. 개발비

신제품, 신기술 등의 개발과 관련하여 특별히 발생한 비용으로서 개별적으로 식별이 가능한 비용입니다. 따라서 현재의 제품과 현재 사용 중인 제조법의 개량을 위해 계속 지출되고 있는 비용은 포함되지 않습니다. 그러한 경우에는 경상개발비라 하는 비용으로 당해연도의 손익에 계상하게 됩니다.

02 영업권

무형자산에는 앞서 말씀드린 법률상의 권리 외에 영업권(good will)이 있습니다. 영업권이라고 하는 것은 법률상 인정받은 권리가 아닌, 어떤 기업이 다른 동종업자보다도 수입이 큰 경우, 그 수입을 낳는 원인이 되는 것이라 할 수 있습니다. 이 "원인"이 되는 것으로서는 상표가 가져다 주는 것, 점포의 입지조건이 좋은 것, 고유한 비법이 있는 것 등 여러 가지가 있다 하겠습니다. 즉 세간의 부동산이나 다른 사람의 점포를 인수할 경우의 "권리금"에 해당하는 것입니다.

03 법률상 권리의 취득원가

법률상의 권리를 외부로부터 사서 취득한 경우는, 매입가격에 매입시의 제부대비용을 더한 가액이 취득원가가 됩니다. 또 법률상의 권리를 스스로 창설한 경우에는 그에 소요되는 조사, 연구비용에 제비용(등록면허세 등)을 더한 가액이 취득원가가 됩니다.

04 영업권의 대가

기업은 시간이 흐름에 따라 많든 적든 영업권이 생깁니다만, 회계상 무형자산으로 인정하는 것은 이와 같은 자연발생적인 것은 포함하지 않습니다. 장부에 계상하는 것은 다른 사람으로부터 유상으로 양도받거나 또는 합병을 통해 취득한 경우에 한합니다.

영업권의 대가를 구하는 방법은 여러 가지가 있습니다만, 그 중 가장 일반적인 방법은 다음과 같습니다.

$$순수익환원평가액 = \frac{그\ 기업의\ 년간\ 평균수익액}{동종기업의\ 평균수익율}$$

$$순수익환원평가액 - 순\ 재산액 = 영업권의\ 대가$$

예를 들어 순 재산액이 200만원, 연평균 순이익 45만원, 동종기업의 정상수익율이 15%일 경우의 영업권을 계상하면 다음과 같이 100만원의 영업권이 됩니다

45만원 ÷ 0.15 - 200만원 = 100만원

친구를 선택할 때는 천천히,
친구를 바꿀 때는 더욱 천천히

요점정리

1. 무형자산에는 어떤 것들이 있는가

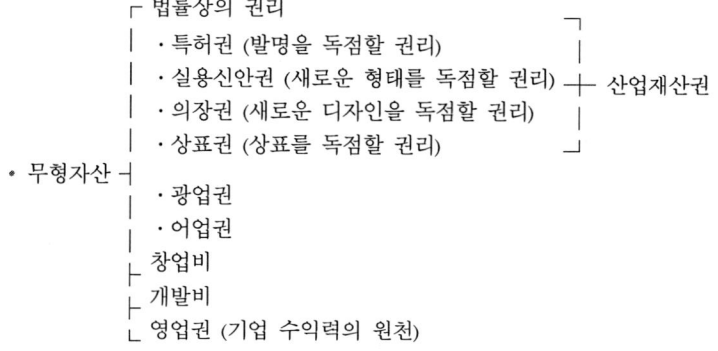

- 무형자산
  - 법률상의 권리
    - 특허권 (발명을 독점할 권리) ┐
    - 실용신안권 (새로운 형태를 독점할 권리) ├ 산업재산권
    - 의장권 (새로운 디자인을 독점할 권리) │
    - 상표권 (상표를 독점할 권리) ┘
    - 광업권
    - 어업권
  - 창업비
  - 개발비
  - 영업권 (기업 수익력의 원천)

2. 무형자산의 취득원가

- **법률상의 권리**
  - 매입한 경우 = 매입가격 + 매입 시의 제부대비용
  - 창설한 경우 = 창설에 소요된 비용 + 제부대비용
- **창업비·개발비** : 실제 회사창업이나 연구개발을 위해 지출된 비용
- **영업권** : 피 매수기업 또는 피 합병기업의 연간 평균 수익액을 동종기업의 평균 수익율로 나누어, 그 기업전체의 평가액을 구하여 여기에서 기업의 순 재산액을 차감하여 계산한다.

제7절 | 비유동자산(4) – 감가상각

▶ 감가상각이란 무엇인지 안다
▶ 감가상각의 원인과 방법을 이해한다
▶ 감가상각의 표현 방법을 알아본다

01 감가상각이란 무엇인가?

대부분의 유형자산 및 무형자산은 시간이 흐름에 따라 점차 가치가 감소해 갑니다. 단, 토지만은 예외로 점점 가격이 오르는 경향이 있다는 것은 아시는 바와 같습니다.

그런데 대체 어느 정도씩 가치가 줄어들고 있는지를 정확하게 측정하는 것은 지극히 어려운 일입니다. 그래서 편의 상, 일단 계산방법을 정해 놓고 그에 의해 매기의 가치 감소분을 구하게 됩니다. 이와 같이 매기마다 유형자산과 무형자산의 가치를 감소시킬 때, 가치 감소분을 그 기간의 비용으로 계상하는데 이 절차를 감가상각이라 하며 계상하는 비용을 감가상각비라 합니다.

02 감가상각은 왜 필요한가?

이번에는 감가상각이 회계상 왜 필요한가에 대해 생각해 보도록 합시다.

유형자산과 무형자산의 취득원가는 감가상각에 의해 비용화되어 매기 "할당"되어지고 있습니다. 이것을 유형자산과 무형자산의 원가배분이라고 하는데, 매기의 손익계산을 정확하게 행하기 위해서 매우 중요한 것입니다. 앞장에서 살펴본 재고자산의 원가배분과 마찬가지로 회계상 빼놓을 수 없는 처리입니다.

비유동자산의 원가배분을 숫자를 사용하여 도해해 보면 다음과 같습니다.

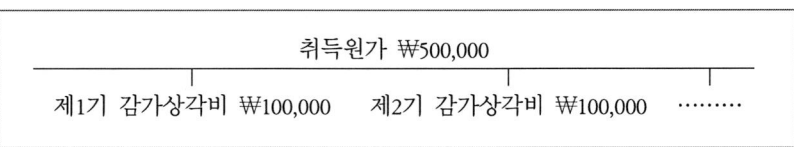

03 감가의 발생원인

그러면, 유형자산 및 무형자산의 가치가 감소해 가는 원인에 대해 살펴보도록 합시다.

먼저 첫 번째 원인은 시간이 흐름에 따라 유형자산 및 무형자산이 소모·마멸되어 가는 경우로, 물리적 감가라고 합니다. 두 번째 원인은 새로운 것이 발명되어 진부화하거나, 기술혁신에 의해 적응할 수 없게 된 경우로, 경제적 감가라고 합니다. 물리적 감가와 경제적 감가는 기업경영상 당연히 발생하게 되는 감가로서 경상적 감가라고도 불리우며, 감가상각의 대상에 해당됩니다.

세 번째 원인으로 천재지변이나 기타의 돌발적 사고, 사건 등에 의한 경우에는 우발적 감가라 하여 이는 사전에 그 발생을 예측할 수 없는 것으로서 감가상각의 대상에 포함하지 않고 해당기간의 특별손실로서 처리하게 됩니다.

04 감가상각의 계산방법

감가상각액은 취득원가, 내용연수, 잔존가치의 세 가지 요소에 의하여 계산합니다. 취득원가에 관해서는 앞서 말씀드린 바와 같으므로 여기에서는 내용연수와 잔존가치에 관해 배워봅시다.

내용연수라는 것은 그 유형자산 및 무형자산이 몇 년간 사용 가능한가를 추정한 것입니다. 이것은 유형자산 및 무형자산의 물리적 감가만이 아니라 경제적 감가도 고려하여 결정하는 것으로 어디까지나「추정」에 지나지 않아 실제의 사용연수와의 차이는 부득이하다 하겠습니다. 회계실무에서는 물리적 요인만을 고려하거나 또는 세법상의 내용연수표에 따라 내용연수를 정하여 사용하고 있습니다.

참고로 세법에 규정되어 있는 유형자산의 기준내용연수를 요약·표시하면 다음과 같습니다.

구 분	기준내용연수
건물(철근콘크리트조)	40년
차 량 운 반 구	4년
기계장치(업종에 따라 구분)	4~10년
시험용 연구자산	3~5년

그리고 잔존가치라 함은 그 유형자산 및 무형자산이 내용연수를 초과한 후의 추정 처분가격을 말합니다.

그럼 구체적인 계산방법을 몇 가지 들어봅시다.

1. 정액법

이 계산방법은 매기 항상 동일한 금액을 감가상각비로 계상하는 방법으로 아래의 산식을 사용합니다.

$$\text{매기의 감가상각비} = \frac{(\text{취득원가} - \text{잔존가치})}{\text{내용연수}}$$

매기의 감가상각액이 동일하게 되므로 정액법이라고 불리우며, 계산이 간단한 것이 특징입니다. 경제적 감가의 발생이 비교적 적은 유형자산 및 무형자산, 예를 들면 건물이나 구축물 등에 적당합니다.

2. 정율법

이 계산방법은 매기 말의 유형자산 및 무형자산의 장부가액에 일정율를 곱하여 감가상각비를 계산하는 방법으로 아래의 산식을 이용하여 계산해 냅니다.

$$매기의\ 감가상각비 = 장부가액 \times 정율$$
$$정율 = 1 - \sqrt[내용연수]{\left(\frac{잔존가치}{취득원가}\right)}$$

매기 항상 일정률을 곱하여 계산하기 때문에 정률법이라 불리우며 계산이 복잡한 것이 흠입니다. 그러나 실무에서는 세법에서 제시하고 있는 "상각률 표"를 이용하여 편리하게 계산합니다. 정액법에서는 매기의 감가상각비가 동일해집니다만, 정률법에 의하면 감가상각 횟수를 거듭할수록 감가상각비는 점차 작아지는 것이 특징입니다.

따라서 정률법에서는 초기에 많은 감가상각비를 계상하게 되는데, 초기에는 아직 새것으로 능률도 뛰어나고 수선비도 들지 않을 것입니다. 그리고 점차 유형자산에 무리가 와 수선비도 적지 않게 들어갈 즈음에는 반대로 감가상각비의 계상이 아주 적어질 것입니다.

결국 수선비와 감가상각비의 합계액은 매기 평균화되는데, 매기의 손익계산을 정확하게 행하기 위해서는 매우 중요한 것입니다.

경제적 감가의 발생이 비교적 큰 유형자산, 예를 들면 기계장치 등에 알맞은 방법입니다.

3. 비례법

이 계산방법은 내용연수에 관계없이 그 유형자산 및 무형자산의 생산량(또는 이용도)에 비례하여 매기의 감가상각비를 산정하는 방법으로 다음의 산식을 이용하여 구합니다.

$$\text{매기의 감가상각비} = (\text{취득원가} - \text{잔존가치}) \times \left(\frac{\text{매기의 실제생산량}}{\text{예측 총 생산량}}\right)$$

* 생산량에 비례하여 산정한다.

$$\text{매기의 감가상각비} = (\text{취득원가} - \text{잔존가치}) \times \left(\frac{\text{매기의 실제이용시간}}{\text{예측 총 이용시간}}\right)$$

* 이용시간에 비례하여 산정한다.

　유형자산 및 무형자산의 생산량(또는 이용도)에 비례하여 감가상각비를 산정하므로 비례법이라 불리우며, 조업도의 증감에 비례하여 감가상각비를 계상할 수 있는 것이 특징입니다. 광산이나 유전, 산림 등과 같이 그 총 생산량을 사전에 예측할 수 있는 경우나 항공기나 차량 등과 같이 그 총 이용시간을 사전에 예측할 수 있는 경우에 적합하다 할 수 있겠습니다.

4. 대체법

　이것은 감가상각을 대신하여 이용되는 방법으로, 유형자산 및 무형자산이 파손되거나 사용할 수 없게 된 때에 일부분씩 대체하여, 그 대체에 소요된 지출을 비용으로 계상하여 감가상각비의 대신으로 하는 방법입니다. 그 이유에서 대체법이라고 불리우는데, 철도레일·침목, 전력회사의 전신주·송전선, 가스회사의 계량기, 제조회사의 공구 등과 같이 같은 종류의 유형자산을 많이 가지고 있는 경우 적합합니다.

05 감가상각의 표시법

감가상각의 마무리로서, 이를 어떻게 표시하면 좋을까를 유형자산 가운데 건물을 예로 설명해 드리겠습니다. 계산방법은 알기 쉽도록 정액법으로 하겠습니다.

건물의 취득원가를 100만원이라 하고 이에 대한 감가상각비 1기분을 5만원이라고 합시다. 이 경우 매기 5만원씩 감가상각비를 계산하게 되면 10기분에 이르러 그 누계액은 50만원이 됩니다. 따라서 건물의 장부가액은 50만원인 것이지요. 그러나 그렇다고 하여 아래와 같이 건물을 표시할 때 그 기 현재의 장부가액만을 기재하는 것은 옳지 않습니다. 그것은 정확한 건물의 장부가액을 파악하기에는 편리할지도 모르지만 취득원가나 감가상각비의 누계액은 알 수 없기 때문입니다.

재무상태표		재무상태표	
건물 50만원		건물	100만원
		감가상각누계액	△ 50만원
			50만원

그러므로 취득원가로부터 직접 차감한 형식이 아닌 간접적으로 차감하는 형식을 취해야 하는데, 이 때문에 감가상각누계액이라는 과목을 마련한 것입니다. 이 과목은 감가상각비의 누계액을 나타내는 역할을 가지며, 건물의 취득원가와 병기하므로써 현재의 장부가액을 파악할 수 있도록 한 것입니다.

요점정리

1. 감가상각이란 무엇인가
   유형자산 및 무형자산의 가치를 줄여감과 동시에 가치 감소분을 비용으로 계상하는 절차

2. 감가상각은 왜 필요한가
   유형자산 및 무형자산에 대해 원가배분을 행하기 위해

3. 감가의 발생원인
   - 감가
     - 경상적 감가
       - 물리적 감가(시간이 경과함에 따라 소모, 마멸) - 감가상각 대상
       - 경제적 감가(구식화하거나 적응할 수 없게 됨) - 감가상각 대상
     - 우발적 감가(돌발사고 등에 의한) - 감가상각의 대상에서 제외

4. 감가상각의 계산방법

방법명	계 산 방 법	특　징	적　용
정액법	매기 동일액을 감가상각비로 계상	계산이 간단	경제적 감가가 그다지 발생하지 않는 경우
정율법	장부가액에 일정율을 곱하여 계상	내용이 경과될수록 계상액이 적어짐	경제적 감가가 발생하는 경우(기계장치 등)
비례법	유형자산 및 무형의 생산량(이 용도)에 비례하여 감가상각비를 산정	조업도의 증감에 비례하여 계상할 수 있다	생산량이나 이용시간을 예측할 수 있는 경우

5. 감가상각의 표시법

유형자산(취득원가)	1,000
감가상각누계액(감가상각비의 누계액)	△ 50
	950　(유형자산의 장부가액)

제4장
기업의 재무상태(2) — 부채와 자본

자산은 플러스의 재산(적극적 재산), 부채는 마이너스의 재산(소극적 재산), 그리고 실질적인 재산은 자본이라고 합니다.

제1절 | 부채와 그 분류

▶ 부채란 무엇인가를 안다
▶ 부채의 분류를 알아본다

01 부채란 무엇인가?

앞장에서는 기업의 재무상태 중 자산에 대해 배워보았습니다. 이 장에서는 부채에 대해 함께 공부해봅시다.

부채라고 하는 말은, 신문 등에서도 자주 보아왔을 것입니다. ○○회사는 몇 십억원이나 되는 「부채」로 부도가 발생하여 도산하였다는 등의 기사를 본 적도 있으리라 생각합니다. 회계용어로서의 부채는 지급하지 않으면 안되는 의무를 말합니다. 지불의무의 대표적인 것으로서는 이른바 차입금이 있습니다.

그런데 부채는 지급의무 수행시 현금 등의 "자산을 감소시키는" 성질을 가지고 있습니다. 그러한 이유로 계산상, 자산을 플러스의 재산이라 한다면 부채는 마이너스의 재산이라고 할 수 있습니다. 우리나라의 기업은 선진국들에 비해 부채를 많이 지고 있으므로 경영상 적절한 부채 관리가 매우 중요하다 할 것입니다.

02 부채의 분류

부채, 즉 지급해야만 하는 의무에는 여러 가지 있습니다만, 이들 부채는 크게 유동부채와 비유동부채의 두 가지로 분류할 수 있습니다.

이 양자를 분류하는 기준으로는 자산의 분류와 동일하게 영업순환기준과 1년 기준(one year rule)이 있습니다. 기업이 행하는 영업활동의 싸이클 안에 있는 것은 유동부채가 되며, 영업순환기준으로 분류할 수 없는 경우에는 1년 기준(one year rule)에 의거하여 결산일 다음날부터 계산해 1년 이내에 지불기한이 돌아오는 것을 유동부채라고 합니다.

03 유동부채에는 어떤 것들이 있는가?

부채에서는 「평가」 문제가 거의 일어나지 않습니다.
자, 그러면 지금부터 유동부채에 대해 살펴봅시다.

1. 지급어음

어음에는 약속어음과 환어음이 있습니다. 약속어음의 경우에는 발행한 때에, 환어음의 경우에는 인수하였을 때에 어음 채무가 발생합니다.

채무란, 타인에 대해 일정한 금액을 지불하여야만 하는 의무로 약속어음의 발행인이나 환어음의 인수인에게는 후일 어음대금을 지급할 의무가 생깁니다. 이 의무를 지급어음이라고 합니다.

2. 외상매입금

이것은 지급어음과 동일하게 통상의 영업거래에 의해 발생한, 거래처에 대한 채무를 말합니다.

예를 들어 상품매매업자가 상품을 매입하고 매입대금을 후일 지급(외상이라 한다)하기로 한 경우, 매입대금의 지급의무가 생깁니다. 이것이 외상매입금입니다. 그런데 외상매입금은 "금"이라는 글자가 붙어 있어 현금과 동일시될 우려가 있습니다. 자주 「외상매입금을 지불했다」라고 말하고는 합니다만, 이것은 정확하게는 「외상매입금을 현금으로 지불했다」라고 표현해야 합니다. 외상매입금은 의무이므로, 의무를 다하기 위해서 현금을 건네주었다라는 표현이 옳습니다. 여기에서도 알 수 있듯이 외상매입금과 현금은 완전히 다른 것입니다. 또한 우리나라 기업회계기준에서는 지급어음과 외상매입금을 합쳐서 매입채무로 표시합니다.

3. 선수금

주로 재고자산의 판매에 앞서 그 대금의 일부 또는 전부를 미리 받은 경우에 발생하는 채무입니다. 후일, 재고자산을 거래처에 건네줄 의무를 부담하게 되는 것이지요.

4. 예수보증금

매매계약을 확실히 하기 위해 거래처로부터 계약 보증금을 받았을 때에 발생하는 채무입니다. 후일 계약한 자산을 건네줄 의무를 지게 됩니다. 이것은 선수금으로 합쳐서 표시하기도 합니다.

5. 어음차입금

이것은 돈을 차입한 증거로서 어음을 이용할 때에 발생하는 채권입니다. 어음차입금은 조금 전에 배운 지급어음과 구별하기가 모호하게 느껴질 수도 있겠으나 양자의 차이점은 어음을 이용하게 되는 경위(과정)에서 오고 있습니다.

어음차입금은 돈을 차입한 증거로서 어음을 이용한 때의 채무를 나타내며, 지급어음은 통상의 영업거래에 기인하여 어음을 이용한 때의 채무를 나타내는 것입니다. 어음차입금은 단기차입금에 포함하여 표시하게 됩니다.

6. 단기차입금

이것은 돈을 차입한 증거로서 차용증서를 건네어 주었을 때 발생하는 채무입니다. 후일 차용증서의 금액을 지불해야 할 의무를 지게 되는 것이지요.

단기차입금은 유동부채로 결산일 다음날부터 계산하여 1년 이내에 지불기한이 옵니다. 단기차입금 중에 임원이나 종업원 또는 관계회사 등에 대한 것도 포함하여 표시합니다.

7. 미지급금

이것은 통상적이지 않은 거래로부터 발생한 채무입니다. 본래의 영업활동 이외의 매매거래(통상적이지 않은 거래)로부터 발생한 지급의무를 지게 됩니다.

미지급금은 바로 앞에서 배운 외상매입금과 구별이 모호하게 느껴질 수도 있겠으나, 양자의 차이는 채무가 통상의 거래로부터 발생한 것인지 아닌지라는 점에 있습니다.

예를 들면 전자제품을 판매하는 회사에서 운반용 차량을 외상으로 구입했다면 여기에 해당하게 됩니다.

8. 예수금

이것은 일시적으로 금전을 맡았을 때 발생하는 채무입니다. 후일 맡아 두었던 금액을 돌려주어야 할 의무를 지게 되는데, 임원이나 종업원 또는 관계회사 등에 대한 것은 예를 들어 종업원예수금과 같이 표시합니다. 예수금의 대표적인 것으로는 회사가 종업원에게 급여를 지급할 때 세법규정에 의하여 소득세의 일부를 공제하고 이것을 다음달에 세무서에 납부하는 원천징수예수금입니다.

9. 가수금

이것은 금전을 영수한 단계에서 과목이나 금액이 아직 확정되지 않았을 때, 일시적으로 이 과목(가수금)으로 표시합니다.

가수금이 어째서 채무일까요? 이는 과목이나 금액이 확정될 때까지 책임을 지고 있다고 생각하기 때문입니다.

10. 미지급배당금

이것은 주식회사가 획득한 이익을 주주에게 배당할 의무를 나타내는 과목입니다.

11. 미지급 법인세

이것은 당기에 부담해야 할 법인세나 주민세 등의 세액이 아직 확정되지 않은 때, 이를 미리 추정해 낸 것으로서 세금을 지불해야 할 의무를 나타내는 과목입니다.

12. 수선충당금

이것은 건물, 기계, 설비 등에 대해 장래 발생이 예측되는 수선비를 매기로 평균하여 부담시킬 목적으로 설정된 것으로, 수선비를 지불할 의무를 나타내는 과목입니다.

13. 제품보증충당금

이것은 제품을 거래처에 인도한 다음 일정기간 품질을 보증하여, 혹시라도 보증기간 중에 결함이 발생하는 경우에는 무상으로 수리할 계약을 맺었을 때, 이에 소요될 수리비를 견적해 두는 것으로 애프터서비스를 할 의무를 나타내는 과목입니다.

담·아·두·기 법률과 회계

법률과 회계는 밀접한 관계에 있습니다. 법률 중 상법에서는 우선 총칙편에서 상인은 회계장부와 재무상태표를 작성하도록 규정하고 있습니다. 또한 회사의 자본과 계산편에서는 주식회사가 작성해야하는 재무제표의 종류 등에 대해서 규정해 놓았습니다. 금융감독원은 기업회계기준을 제정하여 주식회사의 외부감사에 관한 법률에 의하여 공인회계사 등의 외부회계감사를 받는 회사의 모든 회계처리에 관한 기본원칙을 정하고, 법인세법, 소득세법, 부가가치세법 등에서는 소득의 계산방법, 비치장부 등에 관해 규정하고 있어 기업의 회계는 그 영향을 강하게 받고 있습니다.

14. 공사보증충당금

이것은 인도한 도급공사의 보상에 대비할 목적으로 설정된 것으로, 보상할 의무를 나타냅니다.

15. 미지급 비용

미지급비용이 어째서 부채일까요? 조금 이상한 느낌이 들지도 모르겠으나, 미지급비용의 예로써 미지급이자를 들어 설명해 보이겠습니다.

미지급이자는 다음 그림과 같이 아직 지불하지 않았더라도 당기에 부담해야만 하는 이자를 말합니다.

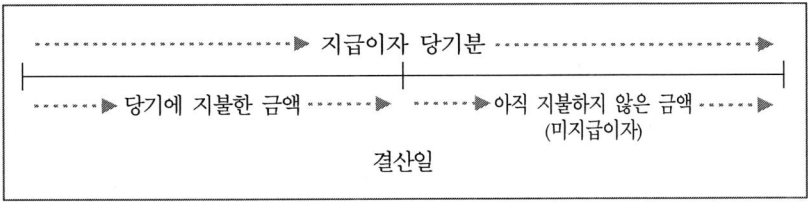

미지급이자가 윗 그림의 어느 부분에 해당하는가 이해하셨으리라 생각됩니다만, 미지급이자란 당기에 지급할 이자 중 미지급분을 지불할 의무를 나타내는 것으로 부채에 포함됩니다.

16. 선수수익

선수수익이 어째서 부채인지, 이 역시 쉽게 이해가 되지 않을 지도 모르겠지만 선수수익의 예로 선수임대료를 들어 설명해 드리겠습니다.

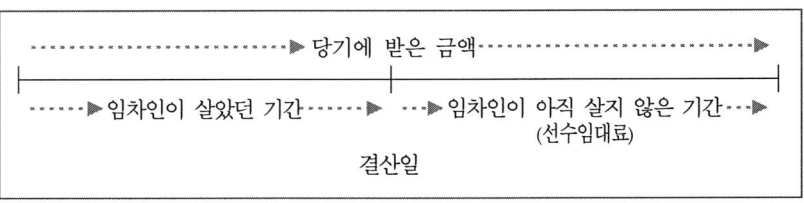

선수임대료는 앞의 그림과 같이 미리 받은 금액 가운데 포함되어 있는 차기 이후의 부분을 말합니다. 선수임대료가 그림의 어느 부분에 해당되는지 이해가 가셨겠지요? 그럼 대체 왜 선수임대료가 부채일까요? 이는 다음과 같이 생각하면 좋을 것입니다. 집주인은 미리 차기 이후의 집세까지 받음으로써 세입자가 아직 살지 않은 부분까지 받아 두었기 때문인 것입니다. 그래서 선수임대료분의 기간 중에는 그 사람을 위해 집을 확보해 두어 살도록 허락해야 할 의무가 집주인에게 생긴 것이지요. 이처럼 임차인이 살게 허락해야할 의무를 나타내는 것이 선수임대료이며, 따라서 부채라 할 수 있는 것이지요.

04 비유동부채에는 어떤 것들이 있는가?

부채 가운데 기업이 행하는 영업활동 싸이클 밖에 있는 것, 또는 결산일 다음날부터 계산하여 1년 이내에는 지불기한이 돌아오지 않는 것이 비유동부채입니다.
그럼, 비유동부채에는 어떤 것들이 있는지 살펴보도록 할까요?

1. 사채(社債, Bonds)

기업은 운전자금이 일시적으로 부족하게 된 경우, 거래처에 대해 매입대금의 만기를 연장시켜 받거나 금융기관으로부터 차입하여 충당하거나 합니다만, 사업을 확장하기 위한 설비자금에 대해서는 금융기관도 그렇게 간단하게는 빌려주지 않으며 또한 설령 빌렸다 하더라도 단기간 내에 반제해야 할 것입니다. 그래서 마련된 것이 사채로, 이것은 글자 그대로 회사의 부채, 즉 차입금입니다. 돈을 투자(사채를 인수하고 자금을 대는 사람)하는 쪽에서 보면, 사채는 필요에 따라 타인에게 양도할 수도 있는가 하면 미리 현금화할 수도 있는 이점이 있습니다.
사채 자체는 한 장의 종이에 지나지 않으나 기업은 이를 발행한 후 사채 상환기간이 도래하면 반제할 의무(상환이라 한다)를 지게 됩니다.

사채를 발행하는 회사
사채의 발행은 어떤 회사라도 쉽게 할 수 있는 것이 아니라, 투자하는 사람들을 보호하기 위한 여러 가지 조건에 부합되는 회사라만이 가능합니다. 실제로는 증권거래소에 상장된 상장법인이나 등록법인들로 한정되어 있습니다.

사채를 발행할 때의 가격은 법률상의 제한이 있는데, 실제로는 할인발행이라 하여 액면(기재된 금액)보다 낮은 가격으로 발행하는 경우가 많은 것 같습니다.

사채를 할인발행 한 경우, 액면과 발행가격과의 차액이 생기는데 이는 사채할인발행차금이라 불리웁니다. 사채할인발행차금은 이름이며 과목이며 뭐가 뭔지 선뜻 떠오르지 않을지도 모르겠으나, 이것은 사채라고 하는 차입금에 대한 이자의 선급 분에 해당되는 것입니다. 왜냐하면 사채를 90만원(액면은 100만원)으로 발행한 경우, 이윽고 반제할 때가 되면 100만원을 지불해야 하기 때문입니다.

이와 같이 사채할인발행차금은 이자(비용)의 성격을 가지고 있는데, 이 비용을 사채발행년도에 모두 부담하는 것은 적당하지 않으므로 사채를 상환할 기간으로 나누어 기간별로 할당하여 비용화하는 처리를 행합니다.

2. 장기차입금

이것은, 돈을 차입한 증거로서 차용증서를 건네 주었을 때에 생기는 채무입니다만, 단기차입금과는 달리 결산일 다음날부터 계산하여 1년 이내에 지급기한이 돌아오지 않습니다.

장기차입금 가운데 임원이나 종업원 또는 관계회사 등에 대한 것도 예를 들어 종업원 장기차입금으로 같이 표시합니다.

3. 장기성 매입채무

이것은 지급기한이 일년 이상이 되는, 즉 결산일 다음날부터 계산하여 1년 이후에는 지급기한이 돌아오는 외상매입금과 지급어음을 말합니다.

4. 퇴직급여충당금

이것은 종업원이 퇴직할 때에 지급할 퇴직금을 매기에 평균하여 부담시킬 목적으로 설정된 것으로, 퇴직금을 지불할 의무를 나타내는 과목입니다.

담·아·두·기 상품권

부채라 하기에는 대단히 이상한 것이 있는데, 상품권과 승차회수권이 바로 그것입니다.
상품권은 백화점 등이 발행하는 것으로, 백화점 등은 이 상품권에 의해 「상품권과 상품을 교환해 줄 의무」를 부담하게 되므로 「부채」인 것입니다. 상품권을 선물 받거나하여 가지고 있는 입장에서 생각하면 어째서 부채인지 잘 이해가 되지 않겠지만, 발행한 측에서 보면 엄연한 부채입니다.
승차회수권은 전철이나 버스회사가 발행한 것으로 회사측은 이에 의해 「회수권과 교환으로 승객을 수송할 의무」를 부담하게 되므로 역시 「부채」인 것입니다.

요점정리

1. 부채란 무엇인가
   - 부채의 본질 ⇨ 일정한 금액을 지불해야할 의무
   - 부채의 성질 ⇨ 부채를 지불할 때 자산을 감소시키므로 마이너스의 재산이라 할 수 있다.

2. 부채의 분류
   - 부채 ─┬─ 유동부채
           └─ 비유동부채

3. 유동부채에는 어떤 것들이 있는가

   - 유동부채 ┬ 지급어음(후일 어음대금을 지불할 의무) ─┐
             │ * 단, 돈을 차입한 증거로서 이용된 어음은 제외 ├ 매입채무
             ├ 외상매입금(후일 매입대금을 지불한 의무) ─────┘
             ├ 선수금(재고자산을 매도할 의무)
             │ * 판매에 앞서 대금을 받았을 때
             ├ 예수보증금 (계약한 자산을 매도할 의무)
             │ * 거래처로부터 계약 보증금을 수취한 때
             ├ 어음차입금 (후일 어음대금을 지불할 의무) ─ 단기차입금에 포함
             │ * 단, 통상의 영업거래에 이용된 어음은 제외
             ├ 단기차입금 (차용증서의 금액을 지불할 의무)
             │ * 단, 1년 이내에 반제해야 할 것
             ├ 미지급금 (통상적이지 않은 거래로부터 발생한 채무)
             ├ 예수금 (맡아 두고 있는 금액을 반제할 의무)
             ├ 가수금 (영수한 금액의 과목이나 금액이 미확정인 때)
             │ * 상대로부터 돈을 맡아두고 있는 것으로 간주
             ├ 미지급배당금 (주주에게 이익을 배당할 의무)
             ├ 임원상여금 (임원에게 상여를 지급할 의무)
             ├ 미지급법인세 (세금을 지불할 의무)
             ├ 수선충당금 (수선비를 지불할 의무)
             ├ 제품보증충당금 (아프터서비스를 해야 할 의무)
             ├ 공사보증충당금 (하도급공사에 대해 보상해야 할 의무)
             ├ 미지급비용 – 미지급이자 등 (미지급분을 지불할 의무)
             └ 선수수익 – 선수임대료 등 (임차인을 살도록 허락해야 하는 의무)

4. 비유동부채에는 어떤 것들이 있는가
  ┌ 사채(사채를 발행하여 일반으로부터 빌린 것)
  ├ 장기차입금(차용증서의 금액을 지불할 의무)
  │ * 단, 1년 이내에 반제기한이 돌아오지 않는 것
  ├ 장기성 매입채무(1년 이후에나 반제기한이 돌아오는 외상매입금이나 지급어음)
  └ 퇴직급여충당금 (퇴직금을 지불할 의무)

어떤 사람들은 우리의 인생에 왔다가 금방 가버린다. 반면에
어떤 사람들은 잠시 동안 머물면서 우리의 가슴에 발자국을 새겨 놓는다.
그러면 우리는 결코 전과 같지 않은 사람이 된다.

제2절 | 자본과 그 분류

▶ 자본이란 무엇인가 안다
▶ 주식회사의 자본을 이해한다

01 자본이란 무엇인가?

　기업의 재무상태는 재무상태표에 나타나며, 이 재무상태표의 내용은 자산과 부채, 그리고 자본입니다. 이 가운데 자산과 부채에 관해 지금까지 공부해 보았으며, 이 장에서는 마지막으로 나머지 하나「자본」에 대해 함께 알아보도록 합시다.
　자본이라고 하는 말은 여러분들도 자주 들어보았을 것이라 생각되지만, 회계 상으로는 다음과 같은 뜻으로 쓰입니다.
　이것은 쉐어라는 사람에 의해 연구된 것으로, 순재산설이라고도 불리우고 있습니다. 그에 의하면 재산에는 플러스의 재산(자산)과 마이너스의 재산(부채)이 있고, 이 양자를 비교하여 실질적인 재산을 구할 수 있다는 것으로 이 진실한 재산(순재산)이 바로「자본」인 것입니다.
　또한 자본에 관한 또 하나의 주장이 있는데, 참고로 잠깐 소개해 두도록 하지요. 이것은 니크리슈라는 사람에 의해 제시된 것으로 총재산설이라고 불리우고 있습니다. 그에 의하면 자본의 출처가 기업주 자신이면 자기자본, 타인으로 부터라면(부채에 해당된다) 타인자본이라 이름 붙여, 이 양자의 총계를「자본」으로 보는 것입니다.
　그런데 회계실무 상에서는 자기자본과 타인자본은 확실히 구별하여 취급하여야 합니다. 왜냐하면, 자기자본은 기업주 자신으로 부터 출자된 것이므로 반제의 필요가 없지만, 타인자본은 다른 사람 으로부터 빌린 것이므로 반제의 의무가 있기 때문입니다.

그러나 기업을 경영상으로는 자기자본과 타인자본을 구별해 취급하지 않아도 관계없습니다. 왜냐하면 자금의 출처가 기업주 자신이든 타인이든 관계없이 어쨌든 모아진 자금을 얼마나 효율적으로 운영하면 좋을 것인지만이 문제이기 때문입니다.

02 주식회사의 자본

기업에는 개인기업, 조합기업, 유한회사, 합명회사, 합자회사, 주식회사 등 여러 가지 있습니다만, 뭐니뭐니 해도 주식회사가 그 수도 많고 사회적으로도 매우 중요한 위치를 차지하고 있으므로 주식회사의 경우를 통해 자본에 대해 공부하기로 합시다.

다음 그림을 보시면 주식회사의 자본은 자본금과 잉여금의 두 가지로 되어있음을 알 수 있습니다. 그러면 지금부터 자본금, 잉여금의 순으로 살펴봅시다.

```
자본 ┬ 자본금
     └ 잉여금 ┬ 자본잉여금
              └ 이익잉여금
```

03 자본금

먼저 자본금입니다. 이것은 주식회사의 구성에 깊게 관련되어 있으므로 그것부터 살펴보도록 합시다.

1. 주 식

주식회사를 설립할 때에는 적어도 3명(이것을 발기인이라 한다)이 모여 회사의 헌법에 해당되는 정관이라는 것을 만듭니다. 그리고 「최우선의 것」 즉 밑천을 모으는 일이 되겠는데 이 밑천을 모으기 쉽게 하기 위해 출자단위는 소액으로 나누어 균일하게 합니다. 이 출자단위를 "주식"이라고 하는데 주식회사라고 하는 명칭도 여기에서 유래한 것입니다.

2. 주 주

출자단위가 소액(최저 5백원)이므로 만약 1단위(1주라고 한다) 출자하는 경우는 최저 5백원만 있으면 되고, 2주라면 1천원만 있으면 됩니다. 이와 같이 주식회사의 밑천 즉 자본금을 출자하는 사람을 주주라고 합니다. 출자했다는 것을 증명하는 증빙서류를 받게 되는데 이 서류를 주권이라고 합니다.

3. 설 립

그러면 누가 주주인가를 알아 볼까요? 먼저, 발기인만이 출자하는 형태의 방법이 있는데 이를 발기설립이라 하며 이 경우 주주는 발기인만을 말합니다.

또 한 가지 방법은 발기인도 출자합니다만 그와 함께 다른 사람들도 불러들여 주주가 될 사람을 모집하는 방법입니다. 이를 모집설립이라 하는데 작은 소기업의 경우, 「다른 사람들」은 친구나 친척들인 경우가 많습니다. 그러나 대기업이 되면 사정은 달라져 증권회사를 통해 폭넓은 일반대중으로부터 많은 사람들을 공개모집하는 것이 보통입니다.

4. 자본금

이상의 설명에서 주식회사의 구조를 알게 되었습니다. 그럼 이제부터는 「자본금」에 대한 설명을 시작해 볼까요?

바로 전에 발기인은 적어도 3명이 필요하다 하였는데, 이 3명이 10주(5천원)씩 인수하여 주주가 되었다고 가정합시다. 그러면 5천원 곱하기 3으로 1만5천원의 금액이 밑천으로 모아졌습니다. 이 금액이 바로 자본금인 것입니다. 즉 주식회사의 자본금은 주주가 출자한 자본 금액이라는 것이지요.

그런데 자본금은 "금"이라는 글자가 붙어있어 현금과 동일시 될 우려가 있습니다. 이 양자를 혼동하지 않도록 여기서 확실히 설명해 드리겠습니다.

먼저, 현금은 수시로 예금으로 그 형태가 바뀌기도 하고, 또는 상품 등의 자산으로 바뀔 수도 있는 것으로 언제까지나 현금의 상태로 있는 것은 아닙니다. 이에 비해 자본금의 경우는 언제까지나 자본금 그대로 입니다. 왜냐하면 자본금이라 하는 것은 주주가 출자한 금액의 크기를 나타내는 것으로 시간이 지난다고 해도 바뀌는 것이 아니기 때문입니다. 자본금의 "금"은 금액을 가리키는 「자본금액」으로 구체적인 형태를 가지고 있지는 않습니다. 자주 어느 회사의 자본금은 5억원이라든가 10억원이라든가 하곤 하는데 그렇다고 해서 회사의 창고에 그만큼의 현금이 있는 것은 아니며, 이는 주주의 출자액이 그만큼의 금액이라는 의미입니다. 우리나라의 경우 상법의 규정에 따라 자본금은 5천만원 이상이어야 합니다.

04 잉여금

지금까지 주식회사의 자본 가운데 자본금을 배웠으니, 계속해서 잉여금을 공부합시다.

다음 그림을 보시면 잉여금(surplus)은 자본잉여금, 이익잉여금의 두 가지로 되어 있습니다.

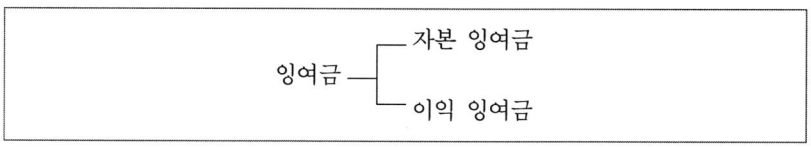

차츰 여러 가지 명칭이 나와 조금씩 질려하는 분도 있을지 모르겠습니다. 이 책도 거의 끝나가므로 조금 더 분발하도록 합시다.

05 자본잉여금

그럼 자본잉여금(capital surplus)부터 설명해 드리겠습니다. 여기에는 주식발행초과금과 감자차익등이 포함되어 있습니다.

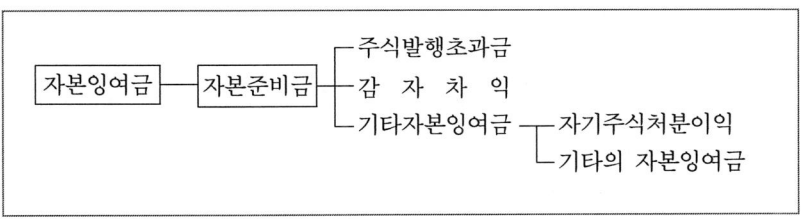

1. 주식발행 초과금

주식에는 액면주식과 무액면주식의 두 가지가 있는데, 액면주식이란 주권에 얼마얼마라는 금액(이를 액면금액이라 한다)이 기재된 것으로 이 액면주식을 예로 들어 주식발행초과금을 설명하도록 하겠습니다. 업적이 뛰어난 회사가 새롭게 주주를 모집하는 경우에는 액면을 초과하는 높은 가격으로 발행하는 것이 가능합니다.

예를 들어보도록 하지요. 어떤 회사가 더욱 사업을 확장하기 위해 자금이 필요하면 새롭게 주주를 모집하게 됩니다. 그래서 새로이 액면주식(1주당 액면금액 5천원)을 10,000주 발행하기로 했습니다. 업적의 호조를 반영하여 1주당 6천원으로 발행할 수 있다고 한다면 다음과 같습니다.

```
1천원 × 10,000주 = 1천만원 ─────────▶ 주식발행초과금
      ⇧
(1주당 발행가액 6천원 − 1주당 액면가액)
5천원 × 10,000주 = 5천만원 ─────────▶ 자 본 금
```

위의 그림에서 알 수 있듯이 액면금액을 초과한 부분이 주식발행초과금인 것입니다. 주식발행초과금은 주주가 출자한 자본금액과 다르지 않은 것으로 그 성격은 자본금과 비슷합니다. 또한 주식발행초과금은 회사의 영업과는 관계없이 자본이 증가하여 발생하는 것입니다.

그리고 무액면주식이라는 것은 액면금액이 쓰여 있지 않은 주식으로 현재 우리 나라에서는 쓰이고 있지 않습니다.

06 이익잉여금

자본잉여금에 이어 이익잉여금을 설명하겠습니다. 이익잉여금(retained earnings)은 기업의 노력이 열매를 맺어 「순이익」으로 탄생한 것으로, 그 배경부터 알아봅시다.

기업노력의 결정인 순이익에서 기업은 법인세 등의 세금을 지불해야만 합니다. 순이익의 30% 정도는 세금으로 없어지며, 세금을 납입한 후 남는 순이익은 기업의 주인인 주주의 것이므로 주주의 의견을

듣기 전에는 마음대로 처분하는 것이 허락되지 않습니다. 그래서 주주총회의 석상에서 의견이 정리되기까지는 일단 "주주의 것"임을 나타내는「자본」에 포함시켜 둡니다. 이와 같은 상태에 있는 순이익을 아직 처분이 결정되지 않았다는 의미로 처분전 이익잉여금이라 부르고 있습니다. 그러나 최근 우리나라 기업회계기준은 주주총회에서 처분 확정되기 전에 이사회의 의결내용에 따라 미리 처분「안」을 만들어 이것을 결산 재무제표에 반영하도록 하고 있습니다.

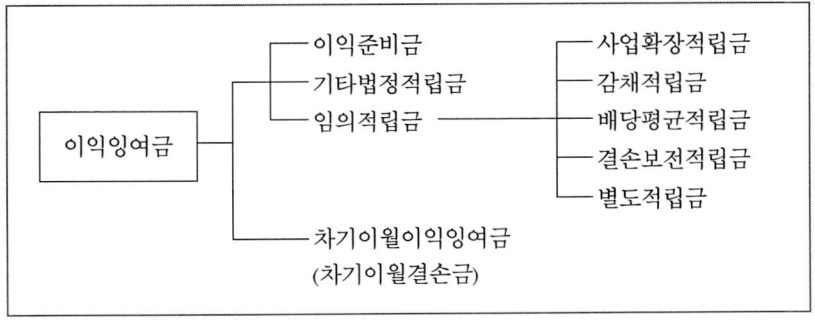

자본의 분류
상법과 기업회계기준에서는 자본의 분류에 차이가 있습니다. 이 책은 회계학입문서이므로 기업회계기준의 분류를 근거로 설명하고 있습니다.

상법에 의한 분류		기업회계기준에 의한 분류	
자 본 금		자 본 금	
법 정 준비금	자본잉여금	잉여금	자본잉여금
	이익잉여금		이익잉여금
기타의 잉여금			

1. 이익준비금

　이익잉여금에는 이익준비금, 기타 법정적립금과 임의적립금 등이 있습니다만, 먼저 이익준비금부터 공부하기로 합시다.
　앞에서 순이익이란 주주가 처분을 결정한다 하였습니다만 제각기 자유롭게 처분할 수는 없습니다. 이렇게 이야기하면, 여러분은 「주주는 주인이라면서 어떻게 처분하든 마음대로 할 수 있지 않을까」라고 생각할 지 모르겠습니다.
　그러나, 기업이 사회적 공기(公器)인 이상 이렇든 저렇든 주주의 자유일 수는 없습니다. 혹시라도 도산이라도 한다면 광범위하게 걸쳐 폐해를 미치게 되므로 크고 작은 일로 흔들거리지 않도록 기업의 기반을 확고히 해 둘 필요가 있는 것입니다. 그래서 상법이라는 법률에 의해 기업은 이익의 일부를 강제적으로 적립해야만 하는 의무를 부담하게 되는 것입니다.
　상법 제458조에 의하면 기업은 순이익 가운데 주주에게의 현금배당액의 10분의 1 이상을 적립하고 적립액이 자본금의 2분의 1에 달할 때까지 매기 계속하여 이익을 적립하도록 되어 있습니다. 예를 들어 500만원을 배당한다 가정하면, 그 10분의 1, 즉 50만원 이상을 적립하도록 한다는 것이며 이 적립액을 이익준비금이라 부르는 것입니다.

2. 기타 법정적립금

　기타 법정적립금은 상법이외의 다른 법률의 규정에 의하여 강제적으로 적립하는 적립금을 말합니다.

여기에는 상장법인의 재무관리규정에 의하여 적립하는 재무구조개선적립금 등이 있습니다.

3. 임의적립금

이번에는 강제는 아니나 기업의 자유의사로 적립하는 것에 대해 알아봅시다.

처분전이익은 배당이나 강제적립금 이외에 임의적립금으로도 처분되고 있습니다. 이 부분은 어떻게 적립해야지 하는 "임의"이므로 신축적립금이라든가 결손보전적립금이라든가 하는 여러 가지의 목적으로 적립하는 것이 가능합니다. 또 특별히 이것이다 하는 목적을 가지고 있지 않은 채 적립하는 것도 있어 이를 별도적립금이라고 부릅니다.

경우에 따라서는 처분전이익을 전부 처분하지 않고, 일부를 미처분인 채로 차기로 이월하는 때도 있습니다. 이 경우는 차기의 처분전이익에 합산되어 처분하게 되지요.

이상에서 이익잉여금에 대하여 설명하였습니다만, 보다 이해를 돕고자 가계(家計)를 예를 들어 다시 한 번 살펴보도록 하지요. 기업의 회계라고 해도 결코 특별한 일을 하는 것이 아니라 가계와 동일한 일을 하고 있는 것입니다. 가계의 경우는 아버지가 땀 흘려 번 월급(수익)에서 식비나 광열비 등의 제비용을 차감한 잔액이 순이익입니다만, 현명한 부인은 장래를 위해 또는 교육적립금 및 주택적립금으로 빠듯하게 적립할 것입니다. 이들 적립금들은 기업회계에 비추어보면 이익준비금이나 임의적립금 등의 이익잉여금에 해당된다 할 수 있습니다.

07 자본 조정

지금까지 설명한 것은 주식회사의 자본항목 중 자본금, 자본잉여금, 이익잉여금에 대한 개별적인 성격과 내용에 대한 것이었습니다. 그러나 경우에 따라서는 이들 자본항목의 전체 합계액에 가산시키거나 차감시키는 방법으로 표시하는 항목이 있습니다. 이들 항목은 대부분이 자본거래에 관련하여 발생하는 것이나 위의 항목 중 어느 한가지와 특별히 결부시키기가 곤란하여 총괄적으로 표시되는 것입니다.

여기에는 자본전체에서 차감 표시해야 하는 항목으로 주식할인발행차금, 배당건설이자, 자기주식, 투자유가증권평가손실 등이 있으며, 자본전체의 가산항목으로는 투자유가증권평가이익 등을 들 수가 있습니다.

1. 주식할인발행차금

이것은 앞의 주식발행초과금과 대조되는 것입니다. 주식발행초과금은 회사의 경영성적이나 전망이 좋은 경우에 자본금을 증자하게 되면 액면주식 이상으로 주식을 발행하게 되어 액면초과액 만큼의 이익이 생기게 되지만 회사의 경영성적이나 전망이 좋지 않은 경우에는 위와는 반대로 주식액면가액 이하로 주식을 발행하여 자금을 조달하게 되는 것이지요. 예를 들어 보면 다음과 같습니다.

경영성적이나 전망이 좋지 않은 회사에서 새로운 사업을 하기 위하여 자금이 필요하면 새롭게 주주를 모집하게 됩니다.

그러나 회사의 영업실적이나 재무구조가 좋지 않다면 새로운 주주들을 모집하기가 힘들게 되겠지요. 어느 누가 전망이 좋지 않은 회사에 투자를 하려고 하겠습니까?

이 때 회사가 이들을 유인하기 위하여 주식을 액면가액 이하로 한다면 다소 호기심이 생겨 투자를 하게 되겠지요. 만약 회사가 10,000주(1주당 액면금액 5,000원)를 새로이 발행하되 1주당 4,000원으로 발행한다면 다음과 같습니다.

5천원 × 10,000주 = 5천만원 … 자본금
1천원 × 10,000주 = 1천만원 … 주식할인발행차금

위에서 알 수 있듯이 실제 자금은 4천만원만 들어오므로 액면금액에 미달된 1천만원이 주식할인발행차금인 것입니다. 주식할인발행차금은 자본금이 그만큼 적어진 것이라고 말할 수 있지요. 그런데 이것을 자본금에서 직접차감하여 표시하지 않고 자본조정으로 떼어내어 주식할인발행차금으로 표시해서 자본전체 합계액에서 차감하도록 하고 있습니다.

물론 주식을 할인해서 발행하면 자본충실의 원칙에 반하기 때문에 상법에서도 엄격하게 규제를 하고 있습니다.

2. 배당건설이자

이것은 공사이자, 또는 건설이자라고도 하는 것으로 전력, 철도사업 등 건설기간이 장기간을 요하는 회사의 경우에는 건설기간 중에는 영업활동을 할 수 없으므로 이익이 발생하지 않지요?

따라서 배당을 할 수 없게 되는 불리한 점이 있어 주식모집이 곤란한 경우가 있게 됩니다. 그래서 상법에서는 특칙을 두어 회사가 설립등기를 한 후에도 2년 이내에 영업을 할 수 없는 경우에는 법원의 허가를 받아 미리 배당금을 지급할 수가 있습니다. 이것을 배당건설이자라고 합니다.

배당건설이자는 회사의 이익이 없는데도 불구하고 미리 배당금을 지급하는 것이므로 그만큼 자본금이 감소되는 것이지만 이것을 자본금에서 직접 차감하지 않고 자본조정으로 떼어내어 자본전체 합계액에서 차감하여 표시하도록 하고 있습니다.

3. 자기 주식

자기주식은 금고주라고도 하며 이는 회사가 발행한 자기회사 주식을 회사가 다시 취득하여 가지고 있는 주식을 말합니다. 이러한 자기주식의 취득은 자본감소의 우려 때문에 상법상의 엄격한 규제를 받고 있지만 회사의 합병이나 채권의 확보 등에 의하여 부득이 취득하게 되는 경우에만 일시적으로 인정해 줍니다.

자기주식을 취득하게 되면 빠른 기간 안에 재매각하거나 소각(또는 폐기)을 해야 합니다. 여하튼 자기주식을 취득하게 되면 자본금에서 직접차감하지 않고 자본조정에서 처리하여 자본전체 합계액에서 차감, 표시합니다.

4. 투자유가증권 평가이익과 손실

투자유가증권평가이익과 손실은 회사가 보유하고 있는 장기보유의 투자유가증권을 시가에 의하여 평가하는 경우에 발생되는 시가와 장부가액과의 차액을 말합니다. 따라서 시가가 장부가액보다 클 경우에는 투자유가증권 평가이익으로, 반대로 시가가 장부가액보다 작을 경우에는 투자유가증권 평가손실이 계상됩니다.

이들은 자본조정으로 하여 투자유가증권 평가이익은 자본전체 합계액에 가산하여 표시하고, 반대로 투자유가증권 평가손실은 자본전체 합계액에서 차감하여 표시합니다.

시가 > 장부가액 … 평가이익
시가 < 장부가액 … 평가손실

이들 투자유가증권 평가 손익은 다음에 당해 유가증권을 실제 처분하는 경우에 발생하는 투자유가증권 처분손익에 가감하여 투자유가증권 처분손익을 계산하게 됩니다.

08 자본의 충실

아래의 그림은 주식회사의 자본을 동그란 원의 형태로 나타내 보인 것입니다만, 한눈에 알아볼 수 있는 것은 자본금이 여러 가지의 잉여금으로 겹겹이 에워 쌓여져 있다는 것입니다.

주식회사의 자본금은 회사존망의 위기가 닥쳤을 때이더라도 철저히 지켜내야만 하는 대단히 중요한 것으로, 가능한 한 든든히 겹겹으로 보호해야할 필요가 있습니다. 그러므로, 만약 회사에 결손이 발생한 경우에는 잉여금이 자신을 희생하여 자본금을 보호하는 것입니다. 결손을 메우기 위해 잉여금을 처분할 때에는 우선 임의적립금이 제1순위가 되며, 이하 이익준비금, 자본잉여금 순으로 처분되는 것입니다. 이렇게 보면 경기가 호조일 때 많은 잉여금을 적립하여 "자본의 충실"을 기하면 수비에 강한 회사가 될 수 있을 것입니다.

  그런데 축구나 야구도 그렇습니다만 수비가 강한 것만으로는 이길 수 없습니다. 역시 득점력, 즉 공격에도 강해야만 좋은 팀, 아니 좋은 회사라 할 것입니다. 그래서 이번에는 「득점력」에 관해 생각해보고자 합니다. 회사의 경우, 득점에 해당하는 것은 순이익이므로 득점을 올리기 위해서는 경영활동(손익거래)이 활발하게 행해져야 합니다. 이 경영활동의 원동력이 되는 것이 자본이므로 "자본의 충실"을 기해야만 공격에 강한 회사도 될 수 있는 것입니다.

  이익잉여금이 손익거래로부터 태어난 것이라 설명한 바 있으나, 그 이익잉여금이 그 후 어떻게 되는가 까지는 말씀드리지 않았을 것입니다. 그 이익잉여금은 일부는 강제적으로, 그 다른 일부는 임의로 적립되어 자본의 형태를 만들게 됩니다. 적립할 때마다 기업의 자본은 더욱 충실해져 이에 비례하여 원동력은 강력하게 되는 것입니다. 그리하여 다음 기에는 더욱 커다란 순이익을 가져올 수 있게 되어 기업은 오로지 성장 일도를 걷게 되는 것입니다. 커다란 순이익을 낼 수 있는 회사는 증자 시 주식을 액면을 초과하는 높은 금액으로 발행하는 것이 가능하므로, 이 액면초과부분 즉 자본잉여금도 커지게 되는 것입니다. 이것이 또한 자본으로서 경영활동의 원동력이 되므로 점점 더 활동은 활발해지게 되며 이에 따라 기업은 차츰차츰 커져만 가는 것입니다.

요점정리

1. 자본이란 무엇인가
   - 순재산설 : 자산(플러스의 재산) − 부채 (마이너스의 재산)
     = 자본(진실한 재산)
   - 총재산설 : 자기자본＋타인자본＝자본

2. 주식회사의 자본

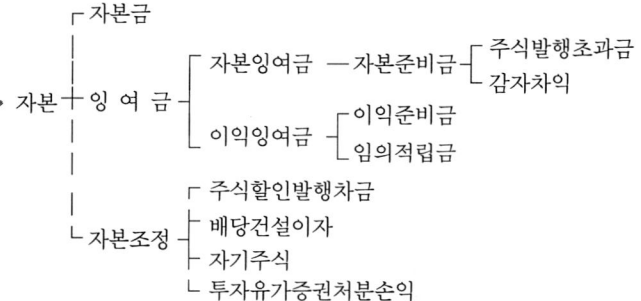

3. 자본금
   - 자본이란 : 주주가 출자한 밑천 금액
   - 자본금액의 계산방법 : 1주의 액면금액 × 발행주식수

4. 자본잉여금(주식발행초과금 등)
   - 주식발행초과금이란

     액면(5천원)주식 10주를 1주당 9천원으로 발행한 경우

액면주식 발행가액 (1주당 9천원 × 10주 ＝ 9만원)	주식발행 초과금	4만원
	자 본 금	1주액면금액 5천원×10주 ＝5만원

5. 이익잉여금
   - 이익준비금
     - 이익준비금이란 : 순이익 중에서 적립한다
     - 적립액 : 현금배당액의 10분의 1 이상을 그것이 자본금의 2분의 1이 될 때까지 계속하여 적립한다
     - 적립의무 : 있음. 상법에 의거 강제됨
   - 임의적립금
     - 임의적립금이란 : 순이익 중에서 적립한다
     - 적립액 : 임의
     - 적립의무 : 없음. 임의.

6. 자본조정
   - 주식할인발행차금 : 주식발행초과금과 반대되는 개념. 자본차감항목
   - 배당건설이자 : 공사기간이 장기인 경우 공사기간 중에 지급한 배당금, 자본차감항목
   - 자기주식 : 자기회사 주식을 취득한 경우. 자본차감항목
   - 투자유가증권평가손익 : 투자유가증권의 시가와 장부가액과의 차액
     투자유가증권평가이익 : 자본가산항목
     투자유가증권평가손실 : 자본차감항목

7. 자본의 충실
   - 자본이 충실하면 수비에 강한 회사가 될 수 있다.
     - 결손이 생겨도 자본금을 보호할 수 있다.
     - 결손을 보전하는 순서 : 임의적립금 ⇨ 이익준비금 ⇨ 자본잉여금
   - 자본이 충실하면 공격에 강한 회사도 될 수 있다.
     - 경영활동의 원동력 (자본)이 강해진다.
     - 그 결과 커다란 순이익을 거둘 수 있다.

분식결산

이 그림은 앞의 자산평가와 동일한 것으로, 자산과 비용의 경계선에 주목해 주시기 바랍니다.

자 산	부 채
	자 본
c	순 이 익
a	
비 용	수 익
b	

실선 a가 정확한 선입니다. 만약 경계선을 점선b로 한 경우는 순이익이 실제보다 크게 계상됩니다.

가공의 순이익이 삽입되어 버리게 되기 때문입니다. 그리고 이 순이익이 적립되어 자본의 형태를 띄게 되므로 자본은 표면 상 크게 보입니다만, 실제로는 그 정도는 아닙니다. 이와 같은 자본을 혼수자본이라고 합니다. 게다가 가공의 순이익을 포함하고 있는 순이익을 주주에게 배당하면, 이것은 주주 자신이 출자한 것을 다시 받아 버리게 되는 것으로 제꼬리배당이라고 합니다.

다음으로 만약 경계선을 점선c로 하는 경우는 순이익이 실제보다 적게 표현되어 그 결과 진정한 순이익이 감추어지게 되는데, 이 때문에 적립금으로 나타나지 않게 됩니다. 이와 같은 적립금을 비밀적립금이라 합니다.

제3절 | 재무상태표

▶ 재무상태표란 무엇인가?
▶ 재무상태표 작성원칙에 대하여 이해한다.
▶ 재무상태표 형식에 대하여 이해한다.
▶ 재무상태표 작성방법을 알아본다.

01 재무상태표란 무엇인가?

　여러분은 현재까지 자산, 부채와 자본에 대하여 공부하였습니다. 이제 여러분은 자산은 무엇인지, 부채와 자본은 무엇인가를 분명히 이해하였으리라 믿습니다. 이제 자산과 부채와 자본을 총괄적으로 집계하여 하나의 표에 표시한 것이 바로 재무상태표입니다. 따라서 재무상태표를 살펴봄으로서 여러분은 회사의 재무상태를 알아볼 수가 있는 것입니다.
　손익계산서가 회사의 일정기간의 경영활동결과를 표시하는데 대하여 재무상태표는 작성일 현재의 자산, 부채 및 자본에 관한 사항을 나타내기 때문에 손익계산서를 동태보고서라 하고 재무상태표를 정태보고서라고도 합니다.

02 재무상태표의 작성기준

재무상태표는 회사의 재무상태를 나타내는 매우 중요한 결산보고서이기 때문에 회사의 이해관계자들, 특히 은행 등 채권자들은 바로 이 재무상태표에 가장 많은 관심을 갖게 됩니다. 왜냐하면 재무상태표에 나타난 자산, 부채 및 자본 등을 살펴보고, 분석하여 과연 이 회사에 빌려준 돈을 제대로 받을 수 있을 것인지 아니면 그렇지 못하게 될 것인지 등에 대하여 의사결정을 하게 되는 것입니다. 만일 여러분이 회사의 재무상태가 좋지 않다고 판단되면 어떻게 하시겠습니까? 빌려준 돈을 빨리 받아내야 될 것입니다. 그런데 회사마다 작성하는 재무상태표가 일정한 원칙 없이 각각 작성된다면 의사결정을 하는데 상당한 혼란을 갖게 될 것입니다. 따라서 재무상태표를 작성하는데 있어서는 일정한 원칙이 필요하게 됩니다.

이러한 원칙, 또는 기준에는 구분표시, 총액표시, 1년 기준, 배열기준, 잉여금구분기준 및 명료성기준이 있습니다.

1. 구분표시기준

구분표시의 기준이란 재무상태표 전체를 자산, 부채 및 자본으로 구분하고, 자산은 유동자산 및 비유동자산으로, 부채는 유동부채 및 비유동부채로, 자본은 자본금, 자본잉여금, 이익잉여금 및 자본조정으로 구분하여 작성하는 것을 말합니다.

제1단계구분	제2단계구분	제3단계구분	제4단계구분
자 산	Ⅰ. 유동자산	(1) 당좌자산 (2) 재고자산	계정 과목
	Ⅱ. 비유동자산	(1) 투자자산 (2) 유형자산 (3) 무형자산	
부 채	Ⅰ. 유동부채 Ⅱ. 비유동부채	계정과목	
자 본	Ⅰ. 자 본 금	(1) 보통주자본금 (2) 우선주자본금	계정 과목
	Ⅱ. 자본잉여금	(1) 자본준비금	
	Ⅲ. 이익잉여금	(1) 이익준비금 (2) ××적립금 (3) 차기이월이익잉여금	
	Ⅳ. 자본조정	계정과목	

위의 표를 보면 재무상태표의 구성내용을 금방 알아볼 수가 있을 것입니다. 이렇게 구분하는 것은 투자가 등 회사 이해 관계자에게 회사의 재무상태를 보다 명확하게 보고하는데 있는 것입니다.

2. 총액표시기준

총액표시 기준은 손익계산서와 재무상태표에 공통으로 적용되는 원칙입니다. 즉 자산과 부채 및 자본은 서로 상계함으로써 그 전부 또는 일부를 제외하여 표시해서는 안 된다는 것입니다.

부득이 상계시켜야 할 것이 있을 경우에는 차감 형식으로 표시해야 한다는 것입니다. 총액표시는 대립항목에 대한 상계금지 그리고 조정

항목에 대한 상계금지로 그 내용을 구분할 수 있습니다.

예를 들어 외상매출금과 외상매입금을 상계하여 순액으로 표시한다면 회사의 정확한 채권과 채무를 알아 볼 수 없게 됩니다. 또한 감가상각대상 비유동자산을 감가상각비를 차감한 순액으로 표시한다면 비유동자산의 당초 취득가액이 얼마인지, 취득 후의 감가상각누계액이 얼마인지 알 수가 없게 됩니다.

3. 1년 기준

1년 기준은 채권의 회수 또는 채무의 결제기간이 1년 이내인가 아니면 1년 이상에 걸쳐 있는가에 따른 구분기준입니다. 1년을 기준한 정상영업주기에 따라 이를 유동성과 고정성으로 구분합니다. 일반적으로 1년 이내에 회수 또는 결제되어 순환되는 것을 유동자산 및 유동부채라 하고 회수 또는 결제가 1년 이상에 걸쳐 순환되는 것을 비유동자산 및 비유동부채라 합니다.

일반적으로 기업의 영업기간은 1년을 사업연도로 하므로 당해 사업연도의 채권 혹은 채무가 재무상태표를 작성한 날로부터 1년 이내, 즉 다음 회계연도 말 이전까지 순환된다면 그것은 자금 면에서 유동성을 부여하여도 무관하다는 것을 뜻합니다.

그렇기 때문에 회계에서의 1년 기준은 자산의 운용을 인위적으로 측정하는데 필요한 요소가 되고 거래주기는 재무상태의 변화추이를 판단하는데 중요한 지표로서의 기준이 됩니다.

이러한 1년 기준에 의하여 자산은 유동자산과 비유동자산으로, 부채는 유동부채와 비유동부채로 나누어지며 유동자산과 유동부채는 1년 이내에 회수하거나 지급할 채권과 채무를 말하고 비유동자산과 비유동부채는 1년 이상 여러 해에 걸쳐 회수되거나 갚아야 할 자산과 부채를 말합니다.

4. 배열기준

배열기준은 재무상태표를 작성할 때에 고정성 자산을 먼저 배열할 것인가 아니면 유동성 자산을 먼저 배열할 것인가에 대한 기준을 말합니다. 자산을 현금, 예금, 매출채권 등 환금성이 빠른 계정부터 순차로 배열하고, 부채는 갚아야할 날짜가 빠른 것부터 순차로 배열하는 방법을 유동성배열법이라 합니다.

5. 잉여금구분기준

기업의 이익잉여금은 영업활동에서부터 나오는 것이 기본이고 또한 그것만이 주주에게 배당될 수 있는 것입니다.

그러나 기업경영의 결과는 영업활동의 결과가 아닌 주주자본 그 자체에서도 잉여금이 발생될 수 있는데 이것을 곧 자본잉여금이라 합니다. 자본잉여금에는 그 내용에 있어 주식발행초과금, 감자차익 등이 있습니다. 이들은 영업활동에서 벌어들인 이익잉여금과는 본질적으로 다르므로 이들을 재원으로 해서 주주에게 배당을 할 성질의 것도 아닙니다. 이와 같이 주주에게 배당해도 좋은 것과 그렇지 아니한 것을 엄격히 구분하여 재화와 용역의 산출과 판매에서 오는 이익이 아닌 것은 이를 보호하고 유지하는데 잉여금 구분기준의 근본목적이 있는 것입니다.

6. 명료성기준

이 기준은 재무상태표를 작성함에 있어서 가지급금 또는 가수금 등의 내용이 분명하지 않은 미결산항목이 있을 경우에는 반드시 그 내용을 나타내는 적절한 과목으로 표시하고, 우발채무나 보증채무 등의 대조계정이나 비망계정 등은 재무상태표에 표시하지 않도록 하여 투자가 등 이해관계자에게 불필요한 오해가 없도록 하자는 기준입니다. 즉 보다 정확한 재무정보 내용을 이해관계자에게 제공하는데 목적이 있다고 할 수 있습니다.

03 재무상태표의 형식

재무상태표의 형식에는 계정식과 보고식의 두 가지 형식이 있으며 반드시 전년도와 비교하는 형식으로 작성하여야 합니다. 계정식(요약)과 보고식(요약) 재무상태표의 형식은 다음과 같습니다.

1. 계정식

재무상태표

제×기 20××년 ×월 ×일 현재
제×기 20××년 ×월 ×일 현재

회사명   단위 : 원(또는 천원, 백만원)

자 산	제×(당)기		제×(전)기		부채·자본	제×(당)기		제×(전)기	
	금	액	금	액		금	액	금	액
Ⅰ. 유동자산					부 채				
(1) 당좌자산	×××	×××	×××	×××	Ⅰ. 유동부채		×××		×××
(2) 재고자산	×××		×××		Ⅱ. 비유동				
Ⅱ. 비유동					부채		×××		×××
자산					부채총계		×××		×××
(1) 투자자산	×××	×××	×××	×××	자 본				
(2) 유형자산	×××		×××		Ⅰ. 자 본 금		×××		×××
(3) 무형자산	×××		×××		Ⅱ. 자본잉여금		×××		×××
					Ⅲ. 이익잉여금		×××		×××
					(또는결손금)				
					Ⅳ. 자본조정		(-)×××		(-)×××
					(1) 주식할인발행차금	(-)×××		(-)×××	
					(2) 배당건설이자	(-)×××		(-)×××	
					자 본 총 계		×××		×××
자 산 총 계		×××		×××	부채와자본총계		×××		×××

2. 보고식

재무상태표

제×기 20××년 ×월 ×일 현재
제×기 20××년 ×월 ×일 현재

회사명   단위 : 원(또는 천원, 백만원)

과 목	제×(당)기		제×(전)기	
	금	액	금	액
자 산				
Ⅰ. 유 동 자 산		×××		×××
Ⅱ. 비 유 동 자 산		×××		×××
자 산 총 계		×××		×××
부 채				
Ⅰ. 유 동 부 채		×××		×××
Ⅱ. 비 유 동 부 채		×××		×××
부 채 총 계		×××		×××
자 본				
Ⅰ. 자 본 금				
Ⅱ. 자 본 잉 여 금		×××		×××
Ⅲ. 이 익 잉 여 금		×××		×××
(또 는 결 손 금)		×××		×××
Ⅳ. 자 본 조 정		(−)×××		(−)×××
(1) 주식할인발행차금	(−)×××		(−)×××	
(2) 배 당 건 설 이 자	(−)×××		(−)×××	
자 본 총 계		×××		×××
부 채 와 자 본 총 계		×××		×××

04 재무상태표의 작성방법

 재무상태표를 작성하는 방법에는 재고조사법과 유도법의 두 가지 방법이 있습니다. 재고조사법은 자산과 부채를 실제로 조사하여 그 현재액을 구하고 이때 자산과 부채의 차액으로 자본을 산정하여 재무상태표를 작성하는 방법입니다. 유도법은 회사가 작성하는 장부에 의하여 나타나는 금액을 기초로하여 재무상태표를 작성하는 방법을 말합니다.
 회사의 모든 거래는 증빙서류를 자료로 하여 이것을 근거로 분개나 전표를 발행하게 되고, 총계정원장이라는 장부에 기록됩니다. 총계정원장에 포함되는 계정에는 자산, 부채, 자본, 비용 및 수익에 관한 모든 내용이 포함되고, 그 증감변화가 기록되기 때문에 이것에 의하여 회사의 재무제표가 작성되는 것입니다.

요점정리

1. 재무상태표란 무엇인가?
   재무상태표 작성일 현재의 재무상태(자산, 부채, 자본)에 관한 사항을 나타낸 표

2. 재무상태표의 작성기준
   - 구분표시 : 자산, 부채, 자본을 구분하여 표시.
   - 총액표시 : 순액이 아닌 총액으로 나타냄.
   - 1년기준 : 유동자산(부채)와 비유동자산(부채)를 1년 기준으로 나눔.
   - 배열기준 : 유동성(환금성)이 큰 것부터 표시.
   - 잉여금 구분 : 자본잉여금(배당할 수 없는 것)과 이익잉여금(배당할 수 있는 것)으로 나누어 표시
   - 명료성 : 정보이용자에게 오해가 없도록 가지급금 등은 제외함.

3. 재무상태표의 형식
   계정식과 보고식이 있다. (본문 표 참조)

4. 대차대조표의 작성방법
   - 재고조사법 : 자산, 부채를 실제 조사하여 현재액을 구해 재무상태표를 작성하는 방법.
   - 유도법 : 회사의 모든 거래의 증빙서류 및 장부를 바탕으로 자산, 부채, 자본, 비용, 수익을 계산하여 재무상태표를 작성하는 방법.

제5장
기업의 경영성적 — 손익계산

기업관계자의 피와 땀의 결정이 순이익으로, 손익계산은 순이익의 발생원인을 명확히 해 줍니다.

제1절 | 손익계산과 그 방법

▶ 손익이란 무엇인가를 이해한다
▶ 손익계산의 방법을 알아본다

01 손익이란 무엇인가?

앞 장에서 배운 바와 같이, 자본이 「증가」하는 원인은 두 가지가 있습니다. 그 하나는 증자와 같은 경우이며, 다른 하나는 경영활동에 따른 경우입니다만, 이 절에서 다룰 부분은 후자입니다.

경영활동에 의해 자본이 증감(감소할 때도 있다)하는데, 이 자본에 플러스, 마이너스하는 것이 손익입니다.

02 손익의 계산방법

그럼, 손익의 계산방법을 살펴보면 여기에는 재산법과 손익법의 두 방법이 있습니다.

1. 재산법

이것은 기초의 자본(순재산)과 기말의 자본(순재산)을 비교하여 순이익(또는 순손실)을 계산하는 방법입니다. 순재산을 비교하므로 재산법으로 불리우고 있습니다만, 산식의 형태로 살펴봅시다.

> 기말자본 − 기초자본 = 순이익(또는 순손실)

그런데 재산법으로는 순이익(또는 순손실)이 어떠한 원인에 의해 발생한 것인지에 대해서는 알 수 없습니다. 순이익(또는 순손실)의 "액"만을 구한다면 모르나 역시 발생 원인을 명확히 하는 것이 좋겠지요? 그러기 위해서는 다음에 설명하는 손익법이 적당합니다.

2. 손익법

이것은 기간중에 발생한 수익총액과 비용총액을 비교하여, 순이익(또는 순손실을 계산하는 2방법입니다. 손과 익을 비교하므로 손익법으로 불리우고 있습니다만, 산식의 형태로 살펴봅시다.

> 수익총액 − 비용총액 = 순이익(또는 순손실)

손익법으로는 순이익액은 물론, 그 발생원인(수익이나 비용)도 명확해지므로, 오늘날에는 손익법을 중심으로 계산하고 있습니다. 그리고 구해진 순이익 또는 순손실)금액이 정확한지 어떤지 체크하기 위해 재산법을 병용하고 있습니다.

요점정리

1. 손익이란 무엇인가
   자본에 프러스, 마이너스하는 것

2. 손익의 계산방법
   ① 재산법
   - 계산식 : 기말자본 − 기초자본 = 순이익(또는 순손실)
   - 약 점 : 순이익(또는 순손실)의 발생원인을 알 수 없다
   ② 손익법
   - 계산식 : 수익총액 − 비용총액 = 순이익(또는 순손실)
   - 특 징 : 순이익(또는 순손실) 금액 및 발생원인도 알 수 있다.

기초 · 기말 · 기간

오늘날 회계는 기간을 구분지어 계산을 행하게 되는데, 이 기간을 회계기간 또는 회계연도라고 합니다. 회계기간은 우리 나라에서는 보통 1년이나 6개월입니다.
회계기간의 처음이 기초, 끝이 기말입니다. 기말에는 결산이라 하여 장부를 마감하는 일이 행해집니다.

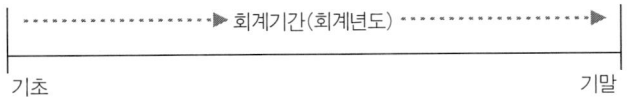

불행은 행복이라는 이름의 나무 밑에 드리워져 있는 그 나무만한 크기의 그늘이다.
인간이 불행한 이유는 그 그늘까지를 나무로 생각하지 않기 때문이다.

제5장 기업의 경영성적 − 손익계산 ● 185

제2절 | 손익계산의 원칙

▶ 왜 원칙이 필요한가 이해한다
▶ 어떤 원칙들이 있는지 알아본다

01 왜 원칙이 필요한가?

앞 절에서 배운 바와 같이 손익계산은 순이익에 직결되므로 이 계산에서 무엇보다도 중요한 것은 정확성입니다. 그래서 손익계산을 행하는데 있어 어떻게 하면 정확한 계산이 가능할까 하는 관점에서 일정한 원칙이 필요하게 된 것입니다. 여기서 다시 한번 회계의 역사를 뒤돌아보면 지금부터 500여년 전, 이탈리아의 베니스나 제노바 등의 자유도시에는 두 종류의 기업들이 있었습니다. 그 하나는 점포를 차리고 거기서 쭉 매매를 계속하는 기업입니다. 이 중 전자의 기업에서는 항해가 끝나면 손익을 계산하는 구별계산이 행해지나, 후자의 기업에서는 영업을 일정 기간으로 구분하여 각 기간마다 손익을 계산하는 기간계산이 행해졌습니다.

그런데, 위에서 말씀드린 기간계산을 행하는 경우에는 발생할 수익과 비용을 그들이 발생한 기간에 정확하게 할당해야만 할 것입니다. 이와 같이 손익계산에 있어서는 기간으로 구분하여 계산하기 때문에 기간계산을 정확하게 행하기 위한 원칙이 필요하게 됩니다. 손익계산에 원칙이 필요한 이유는 더 있습니다. 앞에서 언급한 일반원칙중에

「수익은 조심스럽게」라는 안전성의 원칙이 있는데, 이 일반원칙에 의거, 손익계산을 신중히 행할 목적에서도 원칙이 필요한 것입니다.

02 어떤 원칙이 있는가

그럼 어떤 원칙이 있는가 구체적으로 살펴보도록 합시다.

1. 발생주의의 원칙

1 회계기간에 속하는 수익 및 손실, 비용의 금액을 결정하는 경우에, 현금을 받았다든지 지불하였다는 사실에 기인하여 손익계산을 행한다는 사고방식이 있습니다. 이 사고방식을 발생주의라 하며, "기간계산을 정확히 행하기 위하여" 필요한 원칙이 되고 있습니다. 이 발생주의에 의거하여 행하여진 회계처리에 관해서 손해보험료를 예로 설명하겠습니다.

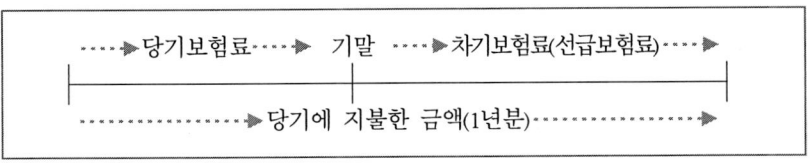

위의 그림에 나타나 있듯이 당기에 속하는 보험료의 금액을 결정하는 경우에는 지불한 금액에 구애받아서는 안됩니다. 기간계산을 정확히 행하기 위해서는 당기의 부담액(발생액)과 차기의 부담액(발생액)을 구별할 필요가 있어 월할계산에 의해 구분하고 있는 것입니다. 이렇게 보면, 발생주의는 이치에 맞는 것이라 할 수 있겠습니다.

2. 현금주의

1 회계기간에 속하는 수익 및 손실, 비용의 금액을 결정하는 경우에 현금의 입금, 출금에 구애받는 사고방식이 있습니다. 이와 같이 현금의 수수에 기인하여 손익계산을 행하는 것을 현금주의라고 부릅니다.

현금주의는 앞에서 배운 발생주의와는 대립하는 개념으로, 기간계산을 정확하게 행하기 위해서는 부적당하다 할 수 있습니다. 그러나, 수익이나 손실, 비용이라는 것은 구체적인 형태를 가지고 있지 않으므로 현금의 수수라고 하는 확실한 형태에 근거하여 계산하고자 하는 현금주의는 "견실"한 일면을 가진 원칙이라 할 수 있겠습니다.

3. 실현주의의 원칙

안전성의 원칙에 의하면 수익은 그것이 확실해 지기 전까지는 계상하지 않는 것으로, 어쨌든 조심스럽게 취해야 하는 것이지요. 앞으로 배울 실현주의는 이 개념을 토대로 하고 있는 것이므로, 수익의 계산에 관련된 원칙입니다.

그런데 실현주의에 의하면 판매에 의해 수익이 실현된 것으로 보아 그때 그때에 수익을 계산합니다. 그렇다면 여러분, 방금 말씀드린 "판매"는 한마디로 판매 또는 매출이라고는 하지만 다음과 같이 여러 가지 과정이 있으므로 어느 "시점"을 판매로 간주해야 하는가 하는 문제가 있습니다.

① 거래처 ──────────▶ 주문서 수령

② 거래처 ────────────→ 주문품 인도
③ 거래처 ────────────→ 물품 수령서 수령
④ 거래처 ────────────→ 물품대금 청구
⑤ 거래처 ────────────→ 물품대금 수령

매출의 경우, 우선 거래처로부터 주문서가 도착합니다. 영업부서에서 보면 이 때 "됐어!" 라고 하는 느낌으로 수익을 계산하고 싶겠지요. 주문서가 도착하면 다음으로 상품을 발송합니다. 이 때는 상식적으로 상품을 발송하면 이윽고 거래처로부터 물품수령서가 도착합니다. 법률적인 견지에서 보면, 이때를 "소유권이 이전됐다"는 점을 인정하고 있으므로 수익을 계상해도 될 것 같은 느낌이 들 것입니다. 일련의 과정을 마무리하는 매출대금의 회수입니다. 출납부서에서 보면 이때 수익을 계상해야 마땅하다 할 것입니다.

그야말로 대단히 많은 단계가 있고, 더욱이 이 기간은 하루 이틀이 아닙니다. 더더욱 어느 시점을 판매로 간주해야 하는지가 문제될 것입니다. ①에서 ⑤까지가 동일 회계연도 내에 이루어진다면 몰라도, 그렇지 않고 2 회계연도에 걸칠 것 같으면 어느 쪽 회계연도의 수익으로 해야 하는가 하는 문제가 일어날 것입니다.

결론을 말씀드리자면 ②의 단계, 즉 상품을 발송한 시점으로 수익을 계상하도록 관습되어져 있습니다. 이를 인도기준이라 말하는데, 상품을 발송한 시점이라면 "판매는 확실한 것"이 되므로 수익을 계산해도 좋다고 하는 까닭에서입니다.

이상의 설명은 「판매」에 관한 것이었습니다만, 다음으로 「도급공사」의 경우를 생각해 봅시다. 이 경우도 판매와 마찬가지로 도급공사의 계약부터 시작하여 도급공사대금의 회수에 이르기까지 긴 과정이 있습니다. 역시 어느 시점에서 수익을 계상하는가 하는 문제가 있는데, 도급공사가 완성된 시점에서 수익을 계상하는 공사완성기준과, 공사진행기준에 따라서 공사수익을 실현하는 공사진행기준의 두 가지 방법이 있습니다. 일반적으로, 공사기간이 두 회계연도에 걸쳐 이루어지는 장기공사인 경우에는 공사진행기준을 사용하게 됩니다.

4. 수익비용 대응의 원칙

앞에서 언급한 일회 항해 기업의 경우는 손익계산도 단순합니다만, 기간계산을 하는 기업의 경우에는 다음과 같은 문제가 일어나고 있습니다.

그것은 당기에 실현한 수익을 얻기 위해 어느 만큼의 비용이 발생했는가 하는 것을 파악해 내기가 무척 어렵다는 것입니다. 일반적으로 먼저 비용이 발생하고 그 결과로서 수익이 실현되므로 비용 쪽이 수익보다 시기적으로 앞서 발생합니다. 그러므로 극단적인 예로 비용은 전기에 발생했는데 그 수익은 당기에 실현되었다고 한다면 전기는 비용만이, 당기는 수익만이 발생되었다고 한다는 것입니다. 이러한 일을 그대로 인정해서는 정확한 손익계산을 기대할 수 없으므로, 어렵기는 하겠지만 될 수 있는 한 수익과 비용을 결부시켜 계산할 필요가 있습니다.

이와 같이, 1회계기간에 실현된 수익에 대해 이를 획득하기 위해 소요된 비용을 계상하는 방법을 수익비용 대응의 원칙이라고 합니다.

5. 총액표시의 원칙

위에서 설명한 수익 비용대응은 손익의 상관관계를 명확하게 하는 것이고, 뒤에 설명할 구분계산의 원칙은 손익발생의 사실과 원천을 파악하고 이를 그 성격별로 구분하여 그 발생과정을 분명히 하는 것입니다. 이때 구분된 수익과 비용을 서로 상계하고 남은 손익만을 발생원천별로 구분하여 계상한다면 이해관계자는 거래의 양과 질을 파악하지 못하게 됩니다. 따라서 모든 수익과 비용을 성격별로 구분하여 총액으로 대응시켜야만 비로소 보고의 목적을 다할 수가 있는 것입니다. 이와 같이 손익계산서에는 모든 수익과 비용을 생략하거나 상계하지 말고 총액으로 기록표시해야 하는 것을 총액표시의 원칙이라 하는 것입니다.

6. 구분계산의 원칙

진정한 경영성과를 분석하고 평가하기 위해서는 손익의 발생원인이 영업활동의 결과인지 아니면 비영업활동에 의한 결과인지가 분명해야만 합니다. 이를 위하여 손익계산서에는 매출총이익, 영업손익, 법인세비용차감전순손익, 당기순손익을 명확히 구분해서 표시하여야만 합니다.

이렇게 구분 표시해야 하는 것을 구분계산의 원칙이라 합니다.

> ▶ 매출총손익 = 매출액 - 매출원가
> ▶ 영업손익 = 매출총손익 - 판매비와 관리비
> ▶ 법인세비용차감전순손익 = 영업손익 + 영업외수익 - 영업외비용
> ▶ 당기순손익 = 법인세비용차감전순손익 - 법인세비용

모든 낭비 중에 가장 책망을 받아야 할 것은 시간낭비이다.

요점정리

1. 손익계산에 원칙이 필요한 이유
   정확한 순이익을 산출해 내기 위해

   > 기간계산을 정확하게 행하기 위해서 원칙이 필요하다
   > 손익계산을 신중하게 행하기 위해서 원칙이 필요하다

2. 손익계산의 원칙의 내용
   - **발생주의** : 수익 및 손실, 비용이 발생하였다는 사실에 기인하여 손익계산을 행한다
   - **현금주의** : 현금의 수수에 근거하여 손익계산을 행한다
   - **실현주의**(수익의 계산에 적용) : 수익이 실현된 시점에서 수익을 계상한다.

     수익이 실현되는 시점 ┌ 인도기준 – 상품의 발송(인도)시
     　　　　　　　　　　 ┤ 공사완성기준 – 공사의 완성시
     　　　　　　　　　　 └ 공사진행기준 – 공사진행기준에 따름

   - **수익비용 대응의 원칙** : 1회계기간에 실현된 수익에 대해, 이를 획득하는데 소요된 비용을 대응하여 계상하는 방법
   - **총액표시의 원칙** : 모든 수익과 비용은 총액으로 계상하는 방법
   - **구분계산의 원칙** : 손익계산은 손익발생의 사실과 원천을 알 수 있도록 구분하여 계상하는 방법. 즉 매출총손익, 영업손익, 법인세비용차감전순손익, 당기순손익으로 구분 계상함.

제3절 | 손익의 분류

▶ 수익의 분류를 알아본다
▶ 손실비용의 분류를 알아본다

　손익은 수익과 비용으로 분류됩니다. 수익은 기업이 상품 또는 용역을 외부에 제공하고 그 대가로서 경제가치를 받아들이는 것이며, 비용은 이러한 수익을 얻고 또는 기업의 존속을 유지하기 위하여 경제가치를 소비하는 것을 말합니다. 현실적으로 전자는 상품의 매출 또는 용역의 제공으로 나타나고, 후자는 상품의 매입, 급료의 지급과 여러 가지 경비의 지급으로 나타납니다.
　손익의 항목을 분류하면 다음과 같습니다.

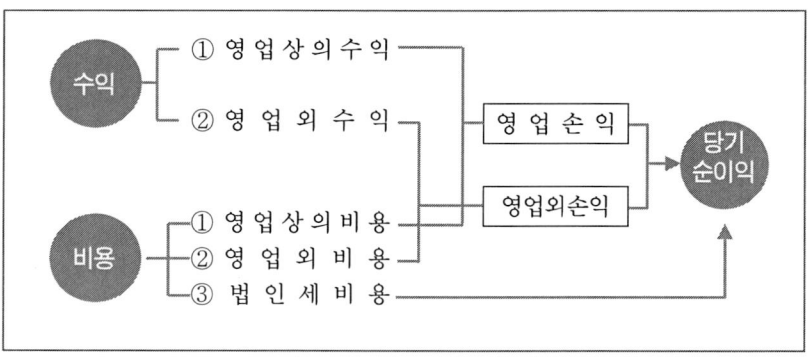

　위에서 본 바와 같이, 손익은 영업손익. 영업외손익 및 법인세비용으로 구분됨을 알 수 있습니다.

한편, 기업회계기준에서는 계산의 명료성을 나타내기 위하여, 다음과 같이 구분합니다.
① 매출총손익(매출액 − 매출원가)
② 영업손익(매출총손익 − 판매비와 관리비)
③ 법인세비용차감전 순손익(영업손익 + 영업외수익 − 영업외비용)
④ 당기순손익(법인세비용차감전 순손익 − 법인세비용)

01 수익의 분류

수익은 영업수익과 영업외수익의 두 가지로 분류됩니다.

1. 영업수익

이것은 그 기업에 있어 통상의 경영활동에 의해 획득된 수익으로, 상품매매업의 경우는 매출액이 이에 해당되며, 운송업 등의 서비스업의 경우에는 운임수입, 부동산 임대업의 경우에는 임대료 수익등이 이에 해당됩니다.

2. 영업외수익

이것은 그 기업에 있어 통상의 경영활동 이외의 활동에 의해 획득된 수익으로, 이자수익 등과 같은 여유자금을 운용하여 획득한 것들이 이에 해당됩니다.

02 비용의 분류

비용은 영업비용, 영업외비용 및 법인세비용의 세 가지로 나뉘어 집니다.

1. 영업비용

이것은 그 기업에 있어 통상의 경영활동에 의해 발생한 비용으로, 상품매매업의 경우는 매출원가, 또는 광고선전비와 같은 판매에 관련된 비용이나 통신비와 같은 기업 전반을 관리하기 위한 관리비 등이 여기에 포함됩니다.

2. 영업외비용

이것은 그 기업에 있어 통상의 경영활동 이외의 활동에 의해 발생하는 비용으로, 이자비용 등과 같은 자금조달에 관련되어 발생한 것이 이에 해당됩니다.

3. 법인세 비용

주식회사 등 영리기업은 매 사업연도에 벌어들인 이익에 대해 세법의 규정에 의하여 법인세, 주민세 등의 세금을 납부해야 할 의무가 있습니다. 일반적으로 기업회계기준에 따라 계상된 손익계산서상의 법인세비용차감전 순이익에 일정률의 법인세율을 적용하여 계상한 금액에 주민세 등을 더하여 법인세비용으로 계상하고 이를 차감하여 당기순손익을 표시하게 됩니다.

03 당기업적주의와 포괄주의

손익계산을 행하는 경우, 특별손익을 "제외"하고 당기의 경영성적에 관련이 깊은 것만을 계산하려 하는 방식이 있어 당기업적주의라 불리우고 있습니다. 이 개념은 경영성적의 좋고 나쁨만을 판단하는데 적절합니다. 또 다른 개념으로는 특별손익을 "포함하여" 손익계산을 행하려 하는 포괄주의가 있습니다. 기업의 관계자는 분배 가능한 이익금액에 주목합니다만, 이 이익은 특별손익을 포함한 것으로서 그러한 경우는 포괄주의가 적절하다 할 수 있습니다.

우리 기업회계기준에서는 포괄주의에 의하여 특별손익도 전부 손익계산에 포함하여 당기순손익을 표시하게 됩니다..

제4절 | 손익계산서의 형식

손익계산서의 형식에는 계정식과 보고식이 있습니다. 기업회계기준에서는 손익계산서를 보고식으로 작성하는 것을 원칙으로 하고 반드시 전년도와 비교하는 형식을 하도록 규정하고 있습니다. 계정식(요약)과 보고식(요약) 손익계산서의 형식은 다음과 같습니다.

01 계정식

손익계산서

제×기 20××년 ×월 ×일부터 20××년 ×월 ×일까지
제×기 20××년 ×월 ×일부터 20××년 ×월 ×일까지

회사명   단위 : 원(또는 천원)

비 용	제×(당)기 금액	제×(당)기 금액	수 익	제×(당)기 금액	제×(당)기 금액
매 출 원 가	×××	×××	매 출 액	×××	×××
매 출 총 이 익	×××	×××			
	×××	×××		×××	×××
판매비와관리비	×××	×××	매 출 총 이 익	×××	×××
영 업 이 익	×××	×××			
	×××	×××		×××	×××
영 업 외 비 용	×××	×××	영 업 이 익	×××	×××
법인세비용					
차감전순이익	×××	×××	영 업 외 수 익	×××	×××
	×××	×××		×××	×××
법 인 세 비 용	×××	×××	법인세비용차감전순이익	×××	×××
당 기 순 이 익	×××	×××			
	×××	×××		×××	×××

02 보고식

손익계산서

제×기 20××년 ×월 ×일부터 20××년 ×월 ×일까지
제×기 20××년 ×월 ×일부터 20××년 ×월 ×일까지

회사명　　　　　　　　　　　　　　　　　　　　　　단위 : 원(또는 천원)

과　목	제×(당)기 금　액	제×(당)기 금　액
Ⅰ. 매　　　출　　　액	×××	×××
Ⅱ. 매　　출　　원　　가	(×××)	(×××)
Ⅲ. 매　출　총　이　익	×××	×××
Ⅳ. 판 매 비 와 관 리 비	(×××)	(×××)
Ⅴ. 영　　업　　이　　익	×××	×××
Ⅵ. 영　업　외　수　익	×××	×××
Ⅶ. 영　업　외　비　용	(×××)	(×××)
Ⅷ. 법인세비용차감전순이익	×××	×××
Ⅸ. 법　인　세　비　용	(×××)	(×××)
Ⅹ. 당　기　순　이　익	×××	×××

요점정리

구 분	통상의 경영활동에 기인한다.	통상의 경영활동 이외의 활동에 기인한다.	경영성과에 직접관계하지 않는 것
수 익	(영업수익) • 매출액 등	(영업외수익) • 이자수익 등	
손실·비용	(영업비용) • 매출원가 • 판매비와 관리비 등	(영업외비용) • 이자비용 등	

··········▶ 당기업적주의 ··········▶
·················▶ 포 괄 주 의 ·················▶

꽃이 있어서 행복해지는 것이 아니다.
꽃의 향기와 색깔을 감상할 수 있는 능력 때문에 행복할 수 있는 것이다.

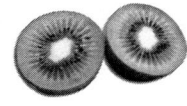

제6장
기업의 손익처분

기업관계자의 피와 땀의 결정인 순손익이 어떻게 처분되는지를 명확하게 나타내는 것이 필요합니다.

제1절 | 이익잉여금처분계산서

▶ 회사의 이익은 어떻게 처분되는지 이해한다.
▶ 회사의 이익처분 내용이 어떠한 형식으로 보고되는지 이해한다.

01 순이익의 처분

다음은 순이익이 어떻게 처분되는가를 알아봅시다.

순이익은 손익계정에서 산정되어 처분전 이익잉여금계정에 대체되어 이사회와 주주총회의 결의에 의거 최종 확정·처분됩니다. 일반적으로 순손익의 처분이란 주주총회의 결의에 의한 처분을 말합니다.

순이익에서 주주에게 배당을 하는 경우에는 상법의 규정에 따라 배당액의 1/2 이내의 주식배당이 가능하며, 현금배당의 경우에는 현금배당액의 1/10 이상을 자본금의 1/2에 달할 때까지 이익준비금으로 적립해야 합니다.

따라서 우선 기타의 법정적립금과 배당결정을 한 후에 이익준비금을 설정하고 임원상여금 또는 임의적립금을 설정하여 순이익을 처분하고 처분 후 순이익(처분전이익잉여금)의 잔액은 이월이익잉여금으로서 다음 회계연도에 이월되어 다음 결산기에 순이익과 합산되어 다시 주주총회의 결의를 받아 확정·처분하게 됩니다.

이의 처리과정을 도표로 표시해 보면 다음과 같습니다.

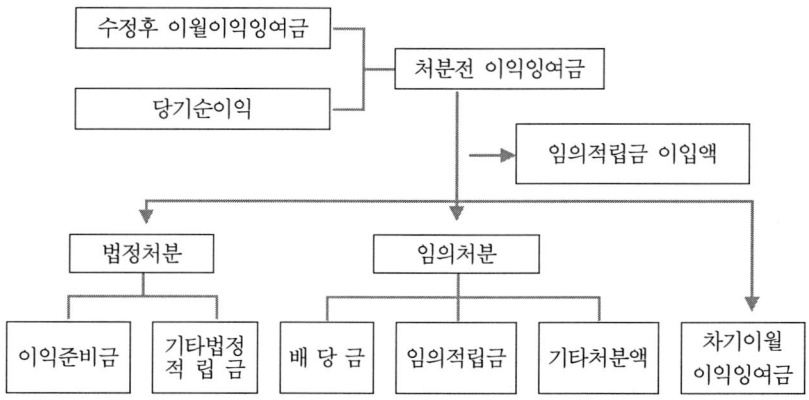

주주총회의 결의를 받아 확정, 처분된 내용을 명확히 보고하기 위하여 작성하는 것이 이익잉여금 처분계산서입니다. 이익잉여금 처분계산서의 내용을 살펴보면 회사의 처분전 이익잉여금의 총변동사항을 한눈에 볼 수가 있습니다. 이익잉여금 처분계산서의 작성방법과 형식은 다음과 같습니다.

1. 처분전 이익잉여금

전기이월이익잉여금에 전기손익수정손익과 당기순이익을 더하여 표시합니다.

2. 임의적립금 이입액

임의적립금 등을 헐어 당기의 이익잉여금의 처분에 충당하는 경우에는 그 금액을 처분전 이익잉여금에 더하여 표시합니다.

3. 이익잉여금 처분액

이익준비금, 자본조정항목인 주식할인발행차금 및 배당건설이자의 상각, 배당금, 기타 법정적립금, 임의적립금 등의 처분액을 기재합니다.

4. 차기이월이익잉여금

처분후의 처분전 이익잉여금의 잔액을 기재합니다.

이익잉여금 처분계산서

회사명 :   (단위 : 원)

과 목	제×(당)기 금 액		제×(전)기 금 액	
Ⅰ. 처 분 전 이 익 잉 여 금				
1. 전기이월이익잉여금	×××		×××	
2. 전 기 손 익 수 정 손 익	×××		×××	
3. 당 기 순 이 익	×××	×××	×××	×××
Ⅱ. 임 의 적 립 금 이 입 액				
1. × × 적 립 금	×××		×××	
2. × × 적 립 금	×××	×××	×××	×××
합 계		×××		×××
Ⅲ. 이 익 잉 여 금 처 분 액				
1. 이 익 준 비 금	×××		×××	
2. 기 타 법 정 적 립 금	×××		×××	
3. 배 당 금				
가. 현 금 배 당	×××		×××	
나. 주 식 배 당	×××		×××	
4. 사 업 확 장 적 립 금	×××		×××	
5. 감 채 적 립 금	×××		×××	
6. 배 당 평 균 적 립 금	×××		×××	
7. ·········	×××	×××	×××	×××
Ⅳ. 차 기 이 월 이 익 잉 여 금		×××		×××

요점정리

순이익의 처분 : 순이익은 손익계정에서 산정되어 처분전 이익잉여금에 대체되어 이사회와 주주총회의 결의에 의거 최종 확정, 처분된다.

```
처리전 이익잉여금
 - 전기이월이익잉여금          ┌ 임의 적립금 이입액
 - 전기손익수정이익과 손실    + 이익잉여금 처분액(이익준비금, 배당 등)
 - 당기순이익                   └ 차기이월이익잉여금(나머지는 다음기로 이월)
```
◇ 이익잉여금 처분계산서 참조(본문)

사랑은 아무가치도 없는 쇳조각으로 칼을 만들어내는
이상으로 새로운 인간을 탄생시킨다.

제2절 | 결손금처리계산서

▶ 회사의 손실은 어떻게 처리되는지 이해한다

만일 회사의 경영성적이 좋지 않아 손실이 발생하였다면 어떻게 하여야 할까요?

이러한 손실을 결손금이라고 하며 적절한 절차를 밟아 이를 메꾸어야 하겠지요.

결손금처리계산서는 주주총회에서 처리하기전 결손금의 처리내용을 밝히는 재무제표입니다. 처리전결손금이 있는 경우에는 이익잉여금처분계산서 대신에 결손금 처리계산서를 작성합니다. 당기에 순손실이 발생하였더라도 이월이익잉여금이 있으면 자동적으로 그 손실이 메꾸어지는데 그래도 부족한 경우에는 이사회의 결의와 주주총회의 결의에 의하여 적립금, 준비금을 처분하여 손실을 메꾸게 됩니다. 결손금처리계산서의 작성방법과 형식은 다음과 같습니다.

1. 처리전 결손금

전기이월이익잉여금 또는 전기이월결손금에 전기수정손익과 당기순손실을 더합니다.

2. 결손금 처리액

결손금을 메꾸기 위하여 임의적립금, 기타법정적립금, 이익준비금, 자본준비금으로부터 이입한 금액을 기재합니다.

3. 차기이월결손금

결손금을 메꾼 후의 잔액을 기재합니다.

결손금처리계산서

회사명 :   (단위 : 원)

과목	제 × (당)기 금액		제 × (전)기 금액	
Ⅰ. 처리전결손금				
1. 전기이월이익잉여금	×××		×××	
2. 전기손익수정손익	×××		×××	
3. 당기순손실	×××	×××	×××	×××
Ⅱ. 결손금처리액				
1. 임의적립금이입액	×××		×××	
2. 기타법정적립금이입액	×××		×××	
3. 이익준비금이입액	×××		×××	
4. 자본준비금이입액	×××	×××	×××	×××
Ⅲ. 차기이월결손금		×××		×××

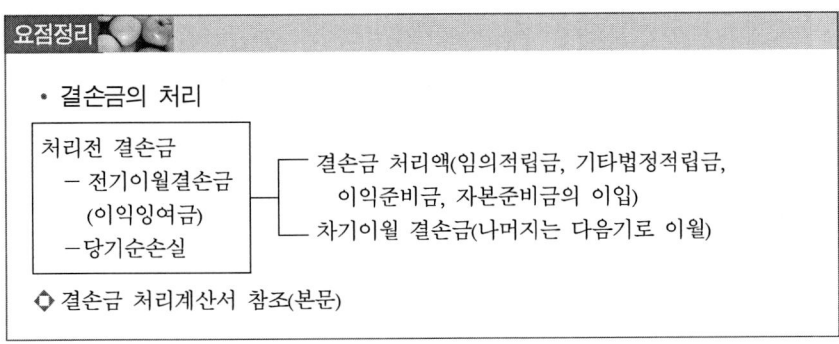

행운은 마음의 준비가 있는 사람에게만 미소를 짓는다.

제7장
기업의 현금흐름

기업경영에 있어서 가장 중요한 자금(돈)의 흐름내용을 명확히 해줍니다.

제1절 | 현금흐름표의 의의와 목적

▶ 현금흐름이 무엇인지 이해한다.
▶ 현금흐름표의 작성목적을 이해한다.

01 현금흐름표란 무엇인가?

회사를 경영하는데 있어 현금을 비롯한 자금의 관리는 매우 중요하다는 것은 더 이상 얘기하지 않아도 이해가 되지요? 왜냐하면 현금관리를 잘못하게 되면 경영성과와 재무구조가 좋다고 생각되는 데도 부도가 발생하여 회사가 망하게 되는 경우를 보게 됩니다.

이러한 경우를 흑자도산이라고 합니다. 흑자도산의 원인은 바로 이 현금(자금)의 흐름을 제대로 파악하지 못하여 일어나는 불행한 사태입니다.

현금흐름표는 바로 이러한 기업의 현금흐름의 변동내용을 명확하게 구분하여 보고하는 결산 보고서의 하나입니다.

이 현금흐름표를 살펴봄으로서 회사의 현금이 어떻게 조달되어 어떻게 사용되었는지를 한 눈에 알아 볼 수 있습니다.

예를 들면 바로 위에서 설명한 흑자도산 이외에 회사가 새로운 사업을 시작하였을 경우 필요한 자금이 어떻게 조달되었는가, 또는 경영성적이 좋지 않은 회사가 어떻게 하여 새로운 투자와 유형자산 등을 취득할 수 있었는가 또는 현금배당을 할 수 있었는가 등의 의문을 현금흐름표를 봄으로써 풀 수가 있습니다.

02 현금흐름표의 작성 목적

현금흐름표가 무엇인지는 이해가 됐으리라 봅니다. 현금흐름표의 의의에서도 알 수 있는 것과 같이 현금흐름표를 작성하는 목적은 크게 두 가지로 나누어 볼 수 있습니다.

첫 번째 목적은 회사의 이해관계자들을 위하여 회사의 영업활동과 재무활동 및 투자활동의 내용을 명확하게 보고하여 기업의 영업활동, 자금조달 등의 재무활동과 사업의 확장 등의 투자활동을 분석 비판하는 데 필요한 회계정보를 제공하여 투자, 자금조달, 재무위험, 배당예측 등을 함에 있어서 합리적으로 의사결정을 하도록 하는 데 있습니다.

두 번째 목적은 회사의 두 시점 즉, 회계연도 초와 말 사이의 재무상태의 변동, 즉 현금흐름의 상태가 어떻게 변동이 되었는가를 설명하는 것입니다. 그래서 회사경영자로 하여금 합리적으로 의사결정을 하도록 하고, 나아가 상대적인 불비성과 검증가능성을 통하여 회사의 경영활동을 조직적으로 파악할 수 있도록 하는 데 있습니다.

> **요점정리**
>
> 1. 현금흐름표의 의의
>   현금흐름표를 봄으로써 현금흐름을 파악할 수 있으며, 이를 통해 회사입장에서는 흑자도산 등의 불행한 사태를 막을 수 있고, 투자자들은 기업의 자금이 어떻게 운용되고 있는가를 알아볼 수 있습니다.
>
> 2. 현금흐름표의 작성목적
>   ① 회사의 이해관계자들에게 회사의 영업활동과 재무활동, 투자활동 내용을 알려주어 합리적인 의사결정을 할 수 있게 한다.
>   ② 전년도와의 비교를 통해 현금흐름의 상태 변동을 알 수 있게 해준다.

홀로 자기 자신과 만나는 시간을 갖지 못한 사람은
그 영혼이 중심을 잃고 헤매게 된다.

제2절 | 현금의 개념과 현금흐름표의 구조

▶ 현금흐름에서 사용되는 현금은 무엇인가 이해한다.
▶ 현금흐름표의 기본구조를 이해한다.
▶ 영업활동, 투자활동, 재무활동의 내용은 무엇인가 이해한다.
▶ 현금흐름표의 기본구조를 이해한다.

01 현금의 개념

현금흐름표에서 사용되는 현금은 재무상태표상의 현금과 예금 및 현금성 자산을 말합니다.

현금과 예금이란 통화 및 타인발행수표 등 통화대용증권과 만기가 1년 이내에 도래하는 예금을 말하고 현금성 자산이란 현금의 단기적 운용을 목적으로 한 유동성이 높은 유가증권을 말합니다. 유가증권은 첫째 큰 거래비용이 없이 현금으로 전환이 용이하고, 둘째 이자율변동에 따른 가치변동의 위험이 중요하지 않은 것 등의 조건을 충족하는 것(단, 상환조건이 없는 주식 등은 제외)을 말합니다.

그 예를 들면 다음과 같습니다.
① 취득당시 만기가 3개월 이내에 도래하는 채권
② 취득당시 상환일까지의 기간이 3개월 이내인 상환우선주
③ 3개월 이내 환매조건의 환매채

02 현금흐름표의 구조

현금흐름표의 기본구조를 분류해보면 다음과 같이 4구분으로 요약됩니다.

현금흐름표

[제1구분]

과목	금액
영업활동으로 인한 현금흐름	
현 금 입 금(유입) 액	×××
현 금 출 금(유출) 액	(×××)
	×××

[제2구분]

과목	금액
투자활동으로 인한 현금흐름	
현 금 입 금(유입) 액	×××
현 금 출 금(유출) 액	(×××)
	×××

[제3구분]

과목	금액
재무활동으로 인한 현금흐름	
현 금 입 금(유입) 액	×××
현 금 출 금(유출) 액	(×××)
	×××

[제 4 구분]

과　　　　목	금　　　액
현 금 의 증 가	×××
기 초 의 현 금	×××
기 말 의 현 금	×××

　제 1구분은 회계기간 중의 제품의 생산, 상품이나 용역의 구매·판매 등의 영업활동으로 인한 현금의 입금액과 출금액을 표시하여 영업활동으로 인한 현금의 흐름액을 표시하는 것입니다.
　제 2구분은 회계기간 중의 투자활동, 즉 현금의 대여나 회수, 비유동자산의 취득이나 처분 등에 의한 현금의 입금액과 출금액을 표시하여 투자활동에 따른 현금의 흐름액을 표시합니다.
　제 3구분은 회계기간 중의 재무활동, 즉 차입금의 상환이나 신규차입, 어음이나 사채 등의 발행, 배당금의 지급, 자본금의 증자·감자 등의 활동으로 인한 현금의 입금액과 출금액을 표시하여 재무활동에 의한 현금의 흐름액을 표시합니다.
　제 4구분에서는 위의 영업활동·투자활동 및 재무활동에 의한 현금의 순증가액을 표시하고, 여기에 회계연도 초의 현금을 더하여 기말현재의 현금을 계산표시하여 현금보유액을 나타냅니다.

03 현금흐름의 구분

현금흐름표는 앞의 기본구조에서 설명한 바와 같이 현금의 입금과 출금을 영업활동·투자활동 그리고 재무활동 등의 활동으로 구분하여 표시합니다. 활동별로 구분하여 분류함으로써 각 활동이 기업의 재무상태와 현금흐름에 미치는 영향을 분석할 수 있는 정보를 제공하며, 활동상호간의 관련성에 관한 정보도 제공하게 됩니다. 각 종류의 활동과 관련되는 거래를 설명하면 다음과 같습니다.

1. 영업활동

투자활동이나 재무활동에 속하지 않는 모든 거래가 포함됩니다. 영업활동은 순이익의 결정에 영향을 미치는 모든 거래를 포함합니다. 영업활동에는 일반적으로 제품의 생산과 상품 및 용역의 구입·판매 활동 등을 말합니다.

2. 투자활동

투자활동은 자금의 대여나 회수활동, 유가증권(현금성 자산은 제외), 투자자산 및 유·무형자산의 취득과 처분활동 등과 같이 일반적으로 비유동자산에 영향을 미치는 거래를 포함합니다.

3. 재무활동

재무활동은 부채와 자본에 관련된 항목으로서 현금의 차입과 상환활동, 자본금의 증가에 따른 신주발행, 배당금의 지급 등과 같이 부채 및 자본계정에 영향을 미치는 거래를 모두 포함합니다.

이러한 활동에 따른 현금흐름을 요약하면 다음 표와 같습니다.

(1) 영업활동으로 인한 현금흐름

현 금 입 금(유입)	현 금 출 금(유출)
① 제품 등의 판매 　(매출채권의 회수 포함) ② 이자수익과 배당금수익	① 상품 등의 구입(매입채무결제 포함) ② 기타 상품 및 용역의 공급자와 종업원에 대한 지출 ③ 법인세비용 ④ 이자비용

(2) 투자활동으로 인한 현금흐름

현 금 입 금(유입)	현 금 출 금(유출)
① 대여금 회수 ② 유가증권(현금성자산 제외)의 처분 ③ 투자자산과 유형·무형자산의 처분	① 현금의 대여 ② 유가증권(현금성자산 제외)의 취득 ③ 투자자산과 유형·무형자산의 취득

(3) 재무활동으로 인한 현금흐름

현 금 입 금(유입)	현 금 출 금(유출)
① 당좌차월을 포함한 단기차입금과 장기차입금의 차입 ② 어음·사채의 발행 ③ 주식의 발행	① 배당금 지급 ② 유상감자 ③ 자기주식의 취득 ④ 차입금의 상환

요점정리

1. 현금과 예금 및 현금성 자산
   - 현금과예금 : 통화, 타인발행수표 등 통화대용증권과 만기가 1년 이내 도래하는 예금
   - 현금성자산 : 현금의 단기적 운용을 위한 유동성 높은 유가증권
2. 제1구분 : 영업활동으로 인한 현금흐름(유입액, 유출액)
3. 제2구분 : 투자활동으로 인한 현금흐름(유입액, 유출액)
4. 제3구분 : 재무활동으로 인한 현금흐름(유입액, 유출액)
5. 제4구분 : 현금의 증가＋기초현금＝기말의 현금
6. 영업활동 : 순이익의 결정에 영향을 미치는 모든 거래
   (제품의 생산, 상품, 용역의 구입·판매활동 등)
7. 투자활동 : 주로 비유동자산에 영향을 주는 거래
   (자금의 대여·회수, 투자자산, 유·무형자산의 취득·처분 등)
8. 재무활동 : 부채와 자본에 관련된 거래
   (현금의 차입· 상환, 신주발행, 배당금 지급 등)

다른 사람의 삶에서 고통을 덜어주려고 노력을 하지 않는다면,
우리는 과연 무엇 때문에 살고 있단 말인가?

제8장
기업의 자본변동

기업 경영에 있어서 주주의 소유인 자본의 변동내역을 명확히 해 줍니다.

제1절 | 자본변동표의 의의와 목적

▶ 자본변동표란 무엇인지 이해한다.
▶ 자본변동표의 의의와 목적에 대하여 이해한다.

01 자본변동표란 무엇인가?

자본변동표는 자본 즉, 자기자본의 크기와 그 변동에 관한 정보를 제공하는 재무보고서로서, 자본을 구성하고 있는 자본금, 자본잉여금, 자본조정, 기타 포괄손익누계액, 이익잉여금(또는 결손금)의 변동에 대한 포괄적인 정보를 제공하는 보고서를 말합니다.

02 자본변동표의 작성목적

자본변동표가 무엇인가 이해가 됐으리라 봅니다. 자본변동표의 의의에서도 알 수 있는 것과 같이 자본변동표는 투자자인 주주와 투자희망자인 장래의 주주들의 몫인 자본("자기자본"이라고도 함)의 변동 내역 즉, 회계연도 초와 회계연도 말 사이의 자본의 변동 상태가 어떤지를 설명하는 것입니다. 그래서 주주와 투자자들로 하여금 합리적인 투자 결정을 할 수 있도록 하는데 있습니다.

요점정리

1. 자본변동표의 의의
   - 자본변동표는 자본 즉, 자기자본의 크기와 변동에 관한 재무정보를 제공하는 재무보고서를 말합니다.

2. 자본변동표의 작성 목적
   - 자본변동표를 봄으로서 회사자본의 변동내용을 파악하고, 이를 통해 주주나 투자 희망자들이 주주의 몫이 얼마나, 어떻게 변동이 되었는가를 알아 볼 수 있습니다.

당신은 당신의 동료들을 위해 시간을 내야한다. 설령 그것이 아무리 작은 일 일지라도 다른 사 람을 위해 뭔가를 하라.
그것을 하는 특권 외에는 아무런 보상도 바라지 않는 뭔가를........

제2절 | 자본변동표의 기본구조

▶ 자본변동표의 구조를 이해한다.

01 자본변동표의 기본 구조

자본변동표에는 자본금, 자본잉여금, 자본조정, 기타 포괄 손익 누계액, 이익잉여금(또는 결손금)의 각 항목별 기초 잔액, 변동사항, 기말잔액을 표시합니다.

1. 자본금은 유상증자(감자), 무상증자(감자)와 주식배당 등에 의하여 변동되며, 자본금은 보통주자본금과 우선주자본금으로 구분하여 표시합니다.
유상증자란 주주로부터 현금 등 자산을 납입받아 자본금을 증가시키는 것을 말하며, 무상증자란 잉여금의 자본전입에 의하여 즉, 주주로부터 현금 등 자산의 출연없이 자본금을 증가시키는 것을 말 합니다.

2. 자본잉여금은 유상증자(감자), 무상증자(감자), 결손금 처리 등에 의하여 변동되며, 주식발행초과금과 기타자본잉여금으로 구분하여 표시합니다.

3. 자본조정의 변동은 다음과 같은 항목으로 구분하여 표시합니다.

(1) 자기주식
   (2) 주식할인발행차금
   (3) 주식매수 선택권
   (4) 출자전환채무
   (5) 청약기일이 경과된 신주청약증거금 중 신주납입금으로 충당될 금액
   (6) 감자차손
   (7) 자기주식처분손실

4. 기타 포괄손익 누계액의 변동은 다음과 같은 항목으로 구분하여 표시합니다.
   (1) 매도가능증권 평가손익
   (2) 해외사업환산손익
   (3) 현금흐름 위험회피 파생상품평가손익

5. 이익잉여금 변동은 다음과 같은 항목으로 구분하여 표시합니다.
   (1) 회계정책의 변경으로 인한 누적효과
   (2) 중대한 전기 오류 수정 손익
   (3) 연차배당과 기타 전기말 미처분 이익잉여금의 처분
   (4) 중간배당
   (5) 당기 순손익

제3절 | 자본변동표의 구성

▶ 자본변동표의 구성에 대하여 이해한다.

01 자본변동표의 구성

자 본 변 동 표

제×기 20×5년 1월 1일부터 20×5년 12월 31일까지
제×기 20×6년 1월 1일부터 20×6년 12월 31일까지

회사명   단위 : 원(또는 천원)

구 분	자본금	자본잉여금	자본조정	기타손익누계액	이익잉여금	총 계
20x5.1.1(보고금액)	xxx	xxx	xxx	xxx	xxx	xxx
회계정책변경누적효과					(xxx)	(xxx)
전기오류수정					(xxx)	(xxx)
수정후 이익잉여금					xxx	xxx
연차배당					(xxx)	(xxx)
처분후 이익잉여금					xxx	xxx
중간배당					(xxx)	(xxx)
유상증자(감자)	xxx	xxx				xxx
당기순이익(손실)					xxx	xxx
자기주식취득			(xxx)			(xxx)
해외사업환산손익				(xxx)		(xxx)
20x1.12.31.	xxx	xxx	xxx	xxx	xxx	xxx
20x6.1.1(보고금액)	xxx	xxx	xxx	xxx	xxx	xxx
회계정책변경누적효과					(xxx)	(xxx)
전기오류수정					(xxx)	(xxx)

수정후이익잉여금					xxx	xxx
연차배당					(xxx)	(xxx)
처분후이익잉여금					xxx	xxx
중간배당					(xxx)	(xxx)
유상증자(감자)	xxx	xxx				xxx
당기순이익(손실)					xxx	xxx
자기주식취득			(xxx)			(xxx)
매도가능증권평가손익				xxx		xxx
20x6.12.31	xxx	xxx	xxx	xxx	xxx	xxx

요점정리

자본변동표의 기본 구조

1. 자본금의 변동 : 유상증자(감자), 무상증자(감자) 와 주식배당금

2. 자본잉여금의 변동 : 주식발행초과금, 기타자본잉여금

3. 자본조정의 변동 : 자기주식, 주식할인발행차금, 자기주식처분손실,
   감자차손

4. 기타포괄손익누계액의 변동 : 매도가능증권평가손익, 해외사업환산손익

5. 이익잉여금의 변동 : 회계정책변경에 의한 누적효과, 연차배당,
   중대한 전기오류수정손익, 중간배당, 당기순손익

6. 자본 변동표 : 양식 참조

삶의 가장 큰 행복은 우리 자신이 사랑받고 있다는 믿음으로부터 온다.

제9장
재무분석과 의사결정

회계처리결과 기업이 작성한 재무제표를 보고 간단한 의사결정을 할 수 있는 능력이 필요합니다. 그래서 기업의 경영성적과 재무상태를 올바로 판단해 적절한 대책을 세워 뜻하지 않은 손해를 보지 않아야 합니다.

제1절 | 재무분석의 개요

▶ 재무분석이란 무엇인지 이해한다.
▶ 재무분석의 한계에 대하여 이해한다.
▶ 재무분석방법에는 어떠한 것이 있는가에 대하여 이해한다.

01 재무분석이란 무엇인가?

 이제까지 우리는 회계란 무엇인가에 대해서 공부했습니다. 이제 회계가 무엇인지, 회사가 작성하는 재무상태표, 손익계산서 등의 재무제표를 보고 의사결정을 할 수 있어야 합니다. 이러한 이유에서 여러분은 재무분석에 대한 기본 내용을 이해하여야 할 것입니다.
 재무분석이란 재무제표분석 또는 경영분석이라고도 하며, 재무제표를 기초로 하여 회사의 재무상태 및 경영성과를 분석적 방법에 의하여 분석하여 좋고 나쁜지 등을 판단하는 방법을 말합니다. 즉 재무상태표나 손익계산서 및 이익잉여금 처분계산서 등의 재무제표나 기타 회계자료에 표시된 숫자를 분석, 검토 및 비교하거나 두 숫자간의 관계를 비율로 나타내어 회사의 재무상태 및 경영성과의 좋고 나쁨을 과학적으로 측정하는 기법이라고 할 수 있습니다.
 일반적으로 회사의 모든 이해관계자들은 기업에 관한 재무정보, 특히 기업의 지급능력과 수익성에 관심을 가지고 있습니다.
 지급능력이란 장·단기 부채의 만기일이 도래했을 때 이 부채를 제때에 상환할 수 있는 회사의 재무능력을 말하며 이것은 회사의 재무상태표를 보고 알 수 있습니다.

수익성이란 회사가 수익을 제대로 창출할 수 있는지에 대한 능력을 가리키는 것으로 이것은 회사의 손익계산서를 보면 알 수 있습니다.

회사의 재무제표는 내부적으로는 경영자에 의해, 또한 외부적으로는 투자 및 채권자에 의해 분석되어집니다. 경영자가 재무제표를 분석하는데 있어서는 회사내의 계획, 평가, 통제를 위하여 회사내부의 각 부분에 관심을 두고 분석하는 반면, 투자자 및 채권자들은 회사에 대해 투자를 할 것인지 또는 자금을 더 차용해 줄 것인지 여부를 결정하기 위해 재무제표를 분석하고 회사의 전체를 분석하게 됩니다.

재무분석은 재무제표에 있는 항목과 시간에 대한 개별항목과의 추세관계를 나타내도록 하여 이들 관계와 추세를 파악함으로서 이용자들이 기업의 현재 또는 미래의 성과에 관한 판단을 하는데 보다 정확한 판단을 하게 할 수 있습니다.

02 재무분석의 한계

재무분석은 재무제표나 기타자료를 분석하여 기업의 재무상태와 경영활동 성과의 좋고 나쁨을 판단하는 방법이므로 이들 분석자료는 어디까지나 재무제표나 기타 부속자료가 중심이 되고 있어 이들 자료에만 한정되고 있습니다. 그러므로 분석결과에도 필수적인 한계가 존재하므로 재무분석결과에 대한 의사결정시에 항상 이것을 염두에 두어야만 합니다. 재무분석의 한계는 다음과 같이 인위적 한계와 본질적 한계로 나누어 볼 수 있습니다.

1. 인위적 한계

　인위적인 한계란 재무분석의 기본요소인 재무제표의 금액이 선의이든 악의이든 실제이익보다 많이 계상하는 분식이나, 반대로 실제이익보다 적게 계상하는 역분식 등의 경우가 있어 재무제표가 100% 정확하게 표시하고 있다고는 볼 수 없다는 한계를 말하는 것입니다.

　일반적으로 회사에서 사장의 능력은 목표이익을 얼마나 제대로 달성하였는가에 있습니다. 이를 위해 사장이 이익을 많이 계상하도록 지시하는 경향이 있습니다. 실제이익보다 많이 계상하여 실제소유주인 주주들에게 잘 보이려고 하는 것입니다. 이것을 분식이라고 합니다.

2. 본질적 한계

　재무분석자료의 중심이 재무제표와 기타 부속자료에 한정되어 있으므로 재무분석의 대상은 쉽게 말해 회계숫자이며 회계숫자는 자산, 자본의 변동을 화폐가치로서 계산, 표시한 것입니다. 그러나 재무분석의 대상에는 기업경영성과에 영향을 주는 요소라 하더라도 화폐가치로 표시하기 힘든 것, 즉 기업의 신용, 설비의 우열, 경영자의 성격과 능력, 종업원의 기술과 사기, 더 나아가서는 경영조직, 인사관리, 등은 기업경영에 직접 영향을 미치고 있으나 이들을 계수로 정확하게 표시하기란 불가능한 것이 있습니다. 특히 사장의 성격과 능력은 바로 회사 경영에 직접영향을 미칠 수 있으므로 사장을 잘못 모시게 되면 결국 회사가 하루아침에 망할 수도 있습니다. 여하튼 회계숫자를 자료로 하는 재무분석이란 결국 종합적 판단이 되지 못하고 부분적 관찰에 불과하다는 결론이 나옵니다. 이러한 점에서 재무분석은 본질적인 한계를 가지게 되는 것입니다.

03 재무분석 방법의 분류와 체계

　재무분석의 방법을 크게 분류하면 먼저 비율법과 실수법으로 나눌 수 있습니다.
　비율법이란 재무제표상의 두 가지 항목의 계수를 백분율로 산출하여 분석하는 것이며 실수법은 회사 재무제표의 계수를 실수 그대로 분석, 판단하는 방법입니다. 그리고 비율법은 전체에 대한 부분의 비중을 검토하는 구성비율법과 다른 한 부분의 비중을 비율로서 검토하는 관계비율법, 추세비율법 등으로 구분됩니다.
　또한, 이외에도 원가분석, 생산성분석, 기타관련정보 등을 분석하여 재무분석을 더욱 충분한 자료분석으로 보충해 나갈 수 있습니다. 오늘날의 재무분석은 비율법이 많이 이용되고 있습니다.
　여기에서는 비율법과 손익분기점 등을 중심으로 간단한 방법을 설명하기로 합니다.

요점정리

1. 재무분석의 의의
   재무제표(재무상태표, 손익계산서 등)를 통해 나타난 숫자들의 관계를 비율로 나타내어 회사의 재무상태나 경영성과를 분석, 검토, 비교할 수 있다.

2. 재무분석의 한계
   (1) 인위적 한계 : 재무제표의 계수가 경영상태를 100% 정확히 표시하지 못한다.
   (2) 본질적 한계 : 비화폐적 가치가 반영이 안됨으로서 나타나는 한계

3. 재무분석방법의 분류
   (1) 비율법 : 구성비율법, 관계비율법, 추세비율법
   (2) 실수법 : 재무제표의 계수를 실수 그대로 분석

변화를 사랑한다는 것은 살아있다는 증거다.

제2절 | 백분비 재무제표의 분석

▶ 백분비 재무제표의 분석이란 무엇인지 이해한다.
▶ 수평적분석이란 무엇인가, 수직적 분석이란 무엇인가를 이해한다.

01 수평적 분석

수평적 분석은 추세분석이라고도 하며 두 개 이상의 회계기간에 대해 재무제표의 계정, 금액을 비교하는 것으로 이 방법은 회사의 영업활동의 변동을 파악하는데 유용합니다.

수평적 분석에는 두 가지 유형이 있습니다. 각 항목을 기준기간 금액의 백분율로 나타내는 방법과 다른 하나는 각 항목을 직전기간 금액의 백분율로 나타내는 방법입니다.

기준기간 수평적 분석

(주)서울 (금액단위 : ₩1,000)

	2005		2006		2007	
	금 액	백분율	금 액	백분율	금 액	백분율
순 매 출 액	₩ 100,000	100%	₩ 120,000	120%	₩ 132,000	132.0
차감:매출원가	(60,000)	100%	(75,000)	125.0	(81,000)	135.0
매 출 총 이 익	40,000	100%	45,000	112.5	51,000	127.5
차감:영업비용	(20,000)	100%	(24,000)	120.0	(29,000)	145.0
차감:법 인 세	(8,000)	100%	(9,000)	112.5	(10,000)	125.0
당 기 순 이 익	₩ 12,000	100%	₩ 12,000	100.0	₩ 12,000	100.0

위 표에서 기준연도가 2005년인 것에 유의해야합니다. 다음해의 모든 직선금액은 기준연도의 금액과 비교가 됩니다. 예를 들어 2006년 매출액은 2005년도 매출액의 백분율로 나타나며 각각의 그 이후 금액을 기준연도와 비교함으로서 그 추세를 알 수 있습니다.

위의 자료를 보면 매출액이 3년에 걸쳐 32% 증가하였다는 것을 볼 수 있습니다. 매출액이 크게 증가하였기 때문에 많은 사람들은 순이익도 또한 그에 상당하게 증가하였을 것이라고 기대할 것입니다. 그러나 위의 백분율분석을 보면 순이익이 기준연도와 변화가 없다는 것을 알 수 있습니다. 비용과 세금이 역시 증가하였기 때문에 순이익은 균등하게 남아 있습니다.

즉 매출액 증가율 32%에 비교할 경우, 매출원가가 35%, 영업비용이 45%, 그리고 세금이 25% 증가하였음을 알 수 있습니다. 백분율분석의 결과로서 회사의 경영자는 원가 및 영업비에 좀더 주의를 기울여야 할 것입니다.

전년도 수평적 분석

(주)서울 (금액단위 : ₩1,000)

	2005 금액	2005 백분율	2006 금액	2006 백분율	2007 금액	2007 백분율
순 매 출 액	₩ 100,000	100%	₩ 120,000	120%	₩ 132,000	110.0
차감:매출원가	(60,000)	100%	(75,000)	125.0	(81,000)	108.0
매 출 총 이 익	40,000	100%	45,000	112.5	51,000	113.3
차감:영업비용	(20,000)	100%	(24,000)	120.0	(29,000)	120.8
차감:법 인 세	(8,000)	100%	(9,000)	112.5	(10,000)	111.1
당 기 순 이 익	₩ 12,000	100%	₩ 12,000	100.0	₩ 12,000	100.0

위 표는 매년 기준에 따라 직전연도와 비교하여 백분율이 변하는 것을 나타냅니다. 이 접근방법은 재무제표 이용자에게 각 항목의 변화비율을 평가하게 함으로서 보다 정확한 판단을 할 수 있게 합니다. 예를 들면 '서울주식회사'에 대한 위의 분석은 매출액이 2006년에는 전년도보다 20%만큼 증가하였다는 것을 나타냅니다. 그러나 증가율은 다음해에 10%로 상당히 감소되고 있습니다. 왜 증가율이 감소되었는가를 발견하여 분석을 하는 것도 이해관계자에게 의사결정을 하는데 있어 중요한 단서를 제공할 수 있게 됩니다.

02 수직적 분석

수평적 분석은 여러 기간에 걸쳐 각 항목간의 관계에 관한 것으로 구성비분석이라고도 하며 특정기간에 있어서의 각 항목간의 관계에 대한 분석입니다.

손익계산서에 있는 각 항목은 일반적으로 순매출액의 백분율로 나타내고 재무상태표에 있는 각 항목은 총자산의 백분율로 나타냅니다.

다음 표는 수평적 분석에서 보았던 회사 자료를 가지고 수직적 분석을 행한 것입니다.

매출액기준을 사용한 수직적 분석

(주)서울 (금액단위 : ₩1,000)

	2005		2006		2007	
	금 액	백분율	금 액	백분율	금 액	백분율
순 매 출 액	₩ 100,000	100%	₩ 120,000	100%	₩ 132,000	100.0
차감:매출원가	(60,000)	60.0	(75,000)	62.5	(81,000)	61.4
매 출 총 이 익	40,000	40.0	45,000	37.5	51,000	38.6
차감:영업비용	(20,000)	20.0	(24,000)	20.0	(29,000)	21.9
차감:법 인 세	(8,000)	8.0	(9,000)	7.5	(10,000)	7.6
당 기 순 이 익	₩ 12,000	12.0	₩ 12,000	10.0	₩ 12,000	9.1

비록 수직적 분석의 주요 목적이 회사 재무제표의 구성요소관계를 강조하는 것이지만 경과 연도에 따른 이들 관계의 변화는 유용한 정보가 될 수 있습니다.

문제를 바르게 파악하면 절반은 해결한 것이나 마찬가지다.

요점정리

1. 수평적 분석(추세 분석)
   두 개 이상의 회계기간에 대해 재무제표의 계정, 금액을 비교하는 것

2. 수직적 분석(구성비 분석)
   특정기간의 각 항목간의 관계에 관한 분석

■ 성공과 실패

성공은 훌륭한 판단의 결과이다.
훌륭한 판단은 경험의 결과이다.
경험은 잘못된 판단의 결과일 때가 많다.
끈기 있게 계속하라.!
상황을 개선하기 위해 노력하고 또 한다면 자신의 '실수'에서 배울 수 있고 그리고 나면 성공할 수 있다.

− 앤서니 라빈스의 "내 인생을 바꾼 성공노트"중에서 −

▶ 성공이 성공을 낳습니다.
그러나 때로는 한때의 성공이 실패의 요인이 됩니다. 실패가 실패를 낳습니다.
그러나 더 많은 경우에 한때의 실패가 더 큰 성공의 원인이 됩니다.

제3절 | 비율분석

▶ 비율분석이란 무엇인지 이해한다.
▶ 유동성비율에 대하여 이해한다
▶ 레버리지비율이란 무엇인지 이해한다.
▶ 수익성비율에 대하여 이해한다.
▶ 성장성비율과 활동성비율을 이해한다.

비율분석은 재무제표분석의 중요한 기법의 하나입니다. 비율은 한 계정, 또는 각 항목의 금액을 다른 것으로 나눔으로써 계산되는 분수 또는 백분율을 말합니다.

즉 재무제표상의 숫자로서 여러 가지 비율을 산정하여 회사의 재무구조나 경영성과의 좋고 나쁨을 판단하는 기법입니다. 이 방법은 비율법이라고도 하며 재무제표분석에서 가장 많이 이용되는 기법입니다.

이러한 비율에는 유동성 비율, 레버리지 비율, 수익성 비율, 성장성 비율, 활동성 비율 등이 있습니다.

유동성비율은 유동부채를 갚을 수 있는 능력을 측정하고, 레버리지 비율은 장기와 단기 부채를 갚을 수 있는 능력을 측정합니다. 이들 비율들은 회사의 채권자에게 그들의 의사결정에 적합한 정보를 제공합니다. 그리고, 수익성 비율은 회사가 이익을 벌어들일 수 있는 능력을 측정합니다. 이 비율은 투자자, 경영자, 채권자가 투자자금이 효율적으로 사용되는 정도를 평가할 수 있도록 합니다.

성장성 비율과 활동성 비율은 기업의 성장성과 활동성을 측정하는 비율로서 이 비율들은 투자자, 경영자, 채권자가 기업의 활동 능력과 성장성을 평가할 수 있는 지표로서 활용됩니다.

손익계산서

2006. 1. 1 ~ 12.31

(주)서울 (금액단위 : ₩1,000)

순매출액	50,000	100%
차감 : 매출원가	(35,000)	(70.0)
매출총이익	15,000	30.0
차감 : 영업비	(10,000)	(20.0)
영업이익	5,000	10.0
차감 : 이자비용	(400)	(0.8)
법인세차감전순이익	4,600	9.2
차감 : 법인세(50%)	(2,300)	(4.6)
당기순이익	2,300	4.6%

이익잉여금처분계산서

2006.12.31

(주)서울 (금액단위 : ₩1,000)

전기이월이익잉여금	5,324
당 기 순 이 익	2,300
합 계	7,624
차감 : 보통주배당	(1,224)
기 말 잔 액	6,400

비교재무상태표

(주)서울 단위 : 천원

자산	2006 금액	2005 금액	부채·자본	2006 금액	2005 금액
I. 유동자산			부채		
현　　　금	1,600	2,500	유동부채		
유 가 증 권	1,600	2,000	매 입 채 무	9,200	8,000
매 출 채 권	8,000	10,000	미 지 급 금	400	800
재 고 자 산	10,000	3,000	단 기 차 입 금	400	400
기　　　타	800	1,500	미 지 급 비 용	2,000	1,876
유 동 자 산 합 계	22,000	19,000	유 동 부 채 합 계	12,000	11,076
II. 비유동자산			비유동부채		
토　　　지	4,000	6,000	사 채 (10%)	4,000	4,000
건 물 과 비 품	6,000	5,000			
비유동자산합계	10,000	11,000	부 채 합 계	16,000	15,076
			자　　　본		
			자 본 금		
			보 통 주(@60원)	4,800	4,800
			자 본 잉 여 금	4,800	4,800
			이 익 잉 여 금	6,400	5,324
			자 본 총 계	16,000	14,924
자 산 총 계	32,000	30,000	부채와자본총계	32,000	30,000

사랑은 인간을 치료한다.
"그것을 주는 사람과 받는 사람 모두를........."

01 유동성 비율

유동성 비율은 회사의 단기채무의 지불능력을 평가하는데 사용됩니다. 만일 회사가 단기채무를 갚을 재력을 갖고 있지 않다면 장기채무도 지불할 능력도 갖기 어려울 것입니다. 회사의 단기지불능력을 평가하는 것은 재무분석에 있어서 좋은 출발점이 됩니다. 여기서는 일반적인 비율에 대해서만 설명하겠습니다.

1. 유동 비율

유동비율은 유동자산을 유동부채로 나눔으로써 계산됩니다.

유동부채는 보통 1년 이내인 영업주기내에 갚아야 하고 유동자산은 영업주기내에 현금으로 전환될 수 있기 때문에 유동비율은 단기채무를 지불할 수 있는 지급능력의 직접적인 척도가 됩니다. 서울주식회사의 2006년의 유동비율을 앞 장의 표를 토대로 하여 계산하여 봅시다.

```
유동 비율 = 유동자산 / 유동부채
         = (22,000,000원 / 12,000,000원) × 100
         = 183%
```

서울주식회사의 유동비율을 해석하기 위해서는 추가적인 정보가 필요합니다. 183%의 비율이 부채지불능력이 좋다는 것을 의미하는지 나쁘다는 것을 의미하는지 어떻게 해석해야 할까요?

서울주식회사가 속해 있는 동종 산업의 평균비율이 170%라고 가정하면 서울주식회사의 183%는 동종산업의 평균 비율(170%)보다 높으므로 위 회사가 유동성에 문제를 가지고 있지 않다는 것을 암시하는 것입니다.

2. 당좌 비율

많은 기업에서 총유동자산의 50% 또는 그 이상을 차지하는 재고자산은 현금화하기에 앞서 판매과정을 거쳐야 하므로 당좌자산에 비해 유동성이 적습니다. 더욱이 재고자산은 질적인 가치절하의 우려성은 물론 그 평가가 기업 자체에 의해 주관적으로 행하여지기 때문에 정확성이 결여될 가능성이 있습니다. 그러므로 이러한 유동자산 중 쉽게 현금화할 수 있는 당좌자산만으로 단기채무에 충당할 수 있는 정도를 측정하기 위해 기업의 직접적인 지급능력을 나타내는 당좌비율을 산출해 봄으로써 기업의 유동성분석에 보조적으로 사용할 수 있습니다.

$$당좌비율 = (현금 + 유가증권 + 수취채권) / 유동부채$$

일반적으로 유동비율이 200%를 넘고 동시에 당좌비율이 100%를 상회하면 유동성이 양호하다고 볼 수 있습니다.

3. 매출채권회전율

(주)서울의 유동성 문제는 그 회사의 수취채권의 유동성을 검토함으로써 더욱 깊이 파악될 수 있습니다.

매출채권회전율은 매출채권(받을어음+외상매출금)의 현금화속도를 측정하는 비율로서 이 비율은 일정한 표준비율은 없으나 일반적으로 비율이 높으면 매출채권의 현금화속도가 빠르다는 것을 표시합니다. 이 비율은 유동비율이나 당좌비율이 과거의 기업유동성 측정에 사용되는 것과는 달리 주로 미래의 기업유동성 예측에 이용되고 있습니다.

$$\text{매출채권회전율} = \text{매출액} / (\text{받을어음} + \text{외상매출금})$$
$$= 50,000,000 / 8,000,000$$
$$= \text{연 } 6.25\text{회}$$

동종산업의 2006년 평균회전율이 7.5라고 가정하면 ㈜서울의 매출채권회전율은 평균비율에 못미치게 됩니다. 이와 같은 낮은 회전율은 그 기업의 경영자가 수취채권을 현금으로 전환시키도록 신용판매와 회수정책을 수정할 필요성을 제시해 줍니다. 또한 이 회사의 매출채권의 평균회수기간은 다음과 같이 계산합니다.

$$\text{평균회수기간} = 365\text{일} \div \text{매출채권회전율}$$
$$= 365 / 6.25$$
$$= 58\text{일}$$

02 레버리지 비율

　이 분석은 회사가 내부적으로 단기적 지급능력을 갖추고 있음은 물론 장기적으로 경기변동이나 시장여건변화 등 외부적인 경제여건변화에 대응할 수 있는 능력을 가지고 있는가를 측정하기 위한 것입니다. 레버리지비율은 주주들에 의해 조달된 자기자본과 채권자들로부터 조달된 타인자본간의 구성비를 나타내는 것으로 기업의 부채의존도를 나타내는 비율입니다.

　기업은 부채에 대해서 만일 그 약정지급일에 원금 및 이자를 지급하지 못하면 지급불능사태, 더 나아가서는 파산선고를 받는 수가 있는데 레버리지비율은 이러한 사태를 미리 발견할 수 있도록 신호해 주는 역할을 하기 때문에 장기지급능력비율이라고도 합니다.

1. 부채비율

　타인자본과 자기자본의 관계를 나타내는 비율이며 일반적으로 100% 이하를 표준비율로 보고 있습니다. 그러나 이 표준은 채권자측의 채권회수의 안정성만을 고려한 것으로 기업측면에서는 단기적 채무변제의 압박을 받지 않는 한 자본수익률이 이자율을 상회하기만 하면 타인자본의 조달을 계속해도 무방한 것입니다.

　부채비율을 다음과 같이 계산하여 사용하기도 합니다.

$$부채비율 = 총부채 / 자기자본$$

이때 부채비율은 일반적으로 200%이내여야 하며 200%를 초과하게 되면 지급능력에 문제가 있는 것으로 봅니다. 따라서 IMF사태와 관련하여 이러한 부채비율이 높은, 즉 부채의존도가 높은 회사들이 왜 혼이 나고 있는가를 알 수 있겠지요.

2. 고정비율 · 고정 장기적합율

  장기적으로 기업의 지급능력을 알기 위해서는 자기자본이 어느 정도 비유동자산에 투입되어 있는가를 알 필요가 있습니다. 그러기 위하여 고정비율을 분석하여 사용하게 됩니다.

  장기적으로 기업의 지급능력을 알기 위해서는 자기자본이 어느 정도 비유동자산에 투입되어 있는가를 알 필요가 있습니다. 그러기 위하여 고정비율을 이용하게 되는 것입니다.

$$\text{고정비율} = (\text{비유동자산} / \text{자기자본}) \times 100\%$$
$$= (10{,}000 / 16{,}000) \times 100\%$$
$$= 62.5\%$$

  고정비율이 100% 이하가 되면 비유동자산은 자기자본으로 충당한 것이 되며 잔여분은 운전자본으로 활용되어 지급능력을 강화하는데 기여하고 있음을 의미합니다. 반대로 이 비율이 100% 이상이라고 하면 자기자본 만으로서는 비유동자산을 조달할 수 없어 부족분은 타인자본에 의하여 충당하였음을 의미합니다. 그러므로 이때는 비유동자산이 과다하여 지급능력이 저하될 가능성이 있습니다. 그러나 부채가 장기의 저이자율에 의한 것이라고 하면 운전자본의 부족에 의한 경영상의 곤란한 문제는 어느 정도 피할 수 있기 때문에 고정비율과 아울러 다음의 고정장기 적합률을 산출하여 보는 것이 좋습니다.

$$\text{고정장기적합율} = \text{비유동자산}/(\text{자기자본} + \text{비유동부채}) \times 100\%$$
$$= 10,000/(16,000+4,000) \times 100\%$$
$$= 50\%$$

고정장기적합률이 100% 이상이 되면 재무상태와 자산운용구조는 좋지 아니한 것으로 판단할 수 있습니다.

역경과 곤궁은 곧 호걸을 단련하는 하나의 용광로요 망치다.
단련을 받으면 몸과 마음이 아울러 유익하고,
단련을 받지 않으면 몸과 마음이 아울러 손해다.

03 수익성 비율

투자자들은 배당금과 그들 소유주식의 시세차익에 주된 관심이 있습니다. 배당금과 주식가격차익 모두는 회사에 의해서 창출되는 이익과 깊은 관련이 있습니다.

또한 회사의 수익창출능력은 회사의 유동성과도 깊은 관계가 있기 때문에 채권자들이 항상 관심을 가지고 있습니다.

아울러 회사 경영자의 보수, 보너스, 명예 등은 회사의 보고이익과 연결되어 있습니다.

그러므로 일정한 기간에 있어서의 회사가 활동한 최종적인 성과, 즉 손익의 상태를 측정하고 그 성과의 원인을 분석, 검토하는 수익성 분석을 행함으로서 재무제표의 내부 및 외부이용자들은 보다 합리적인 의사결정을 할 수 있습니다.

수익성비율을 산정하는 데 사용하는 자본은 기초와 기말잔액의 평균치가 됩니다.

1. 매출액 영업 이익율

매출액에 대한 영업이익의 비율로서 당기의 영업이익이 매출액에 비하여 얼마만한 비중을 차지하고 있는가를 나타내는 비율입니다.

$$\text{매출액 영업이익율} = \text{영업이익} / \text{매출액}$$
$$= 5,00,000 / 50,000,000$$
$$= 10.0\%$$

일반적으로 매출액 영업이익률이 높으면 높을수록 좋다고 볼 수 있습니다.

2. 매출액 순이익율

　매출액에 대한 순이익의 비율로서 당기의 순이익의 매출액에 비하여 얼마만한 비중을 차지하고 있는가를 나타내는 비율입니다.

　일반적으로 매출액 이익률이 높으면 높을수록 좋다고 볼 수 있으나, 이 비율은 회사의 이익창출과정에 사용되어진 자산의 활용에 대한 정보를 제공해 주지 못한다는 단점이 있습니다.

$$\text{매출액 순이익율} = \text{순이익} / \text{매출액}$$
$$= 2,300,000 / 50,000,000$$
$$= 4.6\%$$

3. 총자산 순 이익율

　총자산에 대한 순이익의 비율을 말하며 이 비율은 기업이 순이익을 창출하기 위하여 자산이 얼마나 효율적으로 사용되었는가, 그리고 기업의 배당능력을 판단하기 위한 기초자료로서 중요하며 의사결정시 널리 사용됩니다.

$$\text{총자산 순 이익율} = \text{순이익} / \text{평균총자산 또는 총자본}$$
$$= 2,300,000 / 31,000,000$$
$$= 7.4\%$$

4. 자기자본 순 이익율

이것은 자기자본에 대한 순이익의 비율을 말하며 기업이 순이익을 창출하기 위하여 자기자본이 얼마나 효율적으로 사용되었는가? 그리고 기업의 배당능력은 어떠한가? 등을 판단하기 위한 기초자료로 중요시 됩니다.

$$\text{자기자본순이익율} = \text{순이익} / \text{자기자본}$$
$$= 2{,}300{,}000 / 15{,}462{,}000$$
$$= 14.9\%$$

5. 주당순이익(EPS)

주당이익은 주식을 평가할 때 가장 기본이 되는 자료입니다. 발행주식 1주당 순이익이 얼마인가를 나타내는 수치로서, 일반적으로 주당순이익이 클수록 그 기업의 주식가격은 높게 됩니다.

$$\text{주당순이익} = \text{순이익} / \text{보통주주식수}$$
$$= 2{,}300{,}000 / 80{,}000$$
$$= 28.75$$

6. 주가수익비율(PER)

주가수익비율은 많은 투자자들에게 주가의 중요한 척도로 고려됩니다. 만일 투자자들이 회사에 대해 좋은 성장기대를 가질 때는 주가수익비율이 높아야 하고, 만일 투자자들이 그 기업이 성장하리라는 그들의 기대에 비해 현 주가 수익비율이 낮다고 판단한다면 주식의 시장가격은 올라갈 가능성이 크게 됩니다. 주가수익비율은 주당시가를 주당이익으로 나누어 계산합니다.

주당수익비율 = 주당시가 / 주당순이익 (주당시가를 90원으로 간주)
= 90 / 28.75
= 313%

7. 배당수익성과 배당성향

배당수익률은 주식투자자가 주식투자로부터 얻은 수익의 일부를 나타내는 지표로서 보통주당 배당액을 보통주당 시장가격으로 나눔으로서 계산합니다.

배당수익율 = 주당배당금 / 주당시가
= 15.3 / 90
= 17%

15.3원은 배당금 1,224,000원을 80,000주로 나눈 것입니다. 배당성향은 기업이 법인세 등의 세금공제 후 당기순이익으로 어느 정도 배당을 실시하였는가를 나타내는 지표로 사외배분율이라고도 합니다. 가격상승으로 인한 이익대신에 정기적인 현금지불액을 선호하는 투자자들은 높은 배당성향을 가진 회사에 투자하기를 원할 것이지만 그 반대의 경우에는 투자자들은 일반적으로 낮은 배당성향을 선호할 것입니다.

$$배당성향 = 1,224,000 / 2,300,000 = 53.2\%$$

04 활동성 비율

투자자들은 기업의 경영활동상황에도 매우 많은 관심을 가지고 있습니다. 기업경영활동의 활동성을 측정하기 위한 자료로는 다음과 같은 비율을 많이 활용하며 직전연도와 비교 검토하게 됩니다.

- 총자산회전율(순매출액 / 총자산)
- 매출채권회전율(순매출액 / 매출채권)
- 재고자산회전율(순매출액 / 재고자산)
- 비유동자산회전율(순매출액 / 비유동자산)

위 산식에서 자산과 자본은 기초와 기말잔액의 평균치이며 자본은 당기손익이 가감된 것으로 사용됩니다.

05 성장성 비율

투자자들은 기업의 안전성, 수익성 및 활동성 비율 등에 관심을 가질 뿐만 아니라 기업의 성장성에도 또한 많은 관심을 갖습니다. 기업의 성장성을 판단하고 예측하기 위해서는 다음과 같은 비율을 많이 사용합니다. 과거 수년간의 이러한 비율들을 비교, 분석함으로서 보다 효율적인 판단자료로서 기업경영에 활용되게 됩니다.

- 매출액증가율 $= \left(\dfrac{당기매출액}{전기매출액} \times \right) - 100$
- 총자산증가율 $= \left(\dfrac{당기총자산}{전기총자산} \times 100 \right) - 100$
- 영업이익증가율 $= \left(\dfrac{당기영업이익}{전기영업이익} \times 100 \right) - 100$
- 당기순이익증가율 $= \left(\dfrac{당기순이익}{전기순이익} \times 100 \right) - 100$

요점정리

1. 유동성 비율 : 유동부채를 갚을 수 있는 능력
   (1) 유동비율＝유동자산 / 유동부채 (200% 이상 양호)
   (2) 당좌비율＝(현금＋유가증권＋수취채권) / 유동부채 (100% 이상 양호)
   (3) 매출채권회전율＝매출액 / (받을어음＋외상매출금)
                    (높을수록 현금화속도가 빠르다.)

2. 레버리지 비율 : 장, 단기부채를 해결할 수 있는 능력
   (1) 부채비율＝총부채 / 총자산 (100% 이내 양호) 또는
              총부채 / 자기자본 (200% 이내 양호)
   (2) 고정비율＝비유동자산 / 자기자본 (100% 이내 양호)
       고정장기적합률＝비유동자산 / (자기자본＋비유동부채) (100% 이내 양호)

3. 수익성 비율 : 기업이 이익을 창출할 수 있는 능력
   (1) 매출액영업이익율＝영업이익 / 매출액
   (2) 매출액순이익율＝순이익 / 매출액
   (3) 총자산순이익율＝순이익 / 총자산
   (4) 자기자본순이익율＝순이익 / 자기자본
   (5) 주당순이익(EPS)＝순이익 / 보통주 주식수
   (6) 주가수익율(PER)＝주당시가 / 주당이익
   (7) 배당수익율＝주당배당금 / 주당시가

4. 활동성비율 : 경영활동의 활동성 측정
   (1) 총자산회전율(순매출액 / 총자산)
   (2) 매출채권회전율(순매출액 / 매출채권)
   (3) 재고자산회전율(순매출액 / 재고자산)
   (4) 비유동자산회전율(순매출액 / 비유동자산)

]5. 성장성비율 : 기업의 성장성을 예측, 판단

(1) 매출액증가율 $= \left(\dfrac{당기매출액}{전기매출액} \times \right) - 100$

(2) 총자산증가율 $= \left(\dfrac{당기총자산}{전기총자산} \times 100 \right) - 100$

(3) 영업이익증가율 $= \left(\dfrac{당기영업이익}{전기영업이익} \times 100 \right) - 100$

(4) 당기순이익증가율 $= \left(\dfrac{당기순이익}{전기순이익} \times 100 \right) - 100$

식견은 무겁게, 기운은 날카롭게, 힘은 진중하게,
담력은 결단성 있게, 눈은 밝게, 말은 어눌하게

제4절 | 원가-조업도-이익 분석

▶ 원가-조업도-이익 분석의 개념을 이해한다.
▶ 손익분기점이 무엇인가 이해한다.

01 원가—조업도—이익 분석의 의의

원가-조업도-이익 분석은 여러 가지 명칭으로 불리우고 있습니다. 이를 손익분기점분석, 원가-조업도-이윤 관계 등에 사용합니다. 용어 자체에 포함되어 있는 원가, 조업도, 이익의 세 가지 변수가 기업의 목적을 달성하는데 어떠한 관계가 있는지를 검토하는 것입니다. 즉 기업은 성장, 유지, 발전하기 위하여 또한 많은 이해관계자의 욕구충족을 위하여 이익을 획득하지 않으면 안됩니다. 그렇게 하기 위하여 기업은 우선적으로 목표이익을 설정하여야 합니다. 이런 목표이익을 산정하는 식은 다음과 같습니다.

> 목표이익 = 목표매출액 − 허용원가

위 식에서 볼 때 목표이익을 설정한다는 것은 목표매출액과 허용원가를 결정하는 것입니다. 다시 말하면 매출액에 따라서 원가는 어떻게 변동하며 그 결과, 이익은 어떻게 변화하는가의 회계정보를 필요로 합니다. 바로 이러한 것이 원가-조업도-이익 분석입니다.

이 분석의 주요목적은 단기 이익계획과 관련하여 예산편성의 기초자료를 제공하는데 있으며 때때로 경영자의 업적평가, 단기적 경영의사 결정에도 이용됩니다.

원가-조업도-이익분석은 경영자가 수행할 중요한 업무와 책임이 되고 있습니다. 왜냐하면 이것은 경영자의 계획이나 통제에 있어서, 그리고 단기적·장기적 의사결정에 있어서 통찰력을 제공해 주고 기업을 경영하는데 좋은 수단이 되고 있기 때문입니다.

원가-조업도-이익의 최적조합은 기업이 이익을 추구하는데 있어서 최선의 조합이 될 것입니다.

02 손익분기점의 계산방법

원가-조업도-이익(CVP)분석을 구체적으로 이해하기 위한 방법으로 손익분기점을 산출하는 방법 중 다음의 2가지 방법을 소개하겠습니다. 이때 손익분기점이란, 회사의 수익과 비용이 똑같은 금액으로 발생하여 이익도 손실도 나지 않는 매출액을 말합니다.

① 등식법
② 도표법

1. 등식법

손익분기점을 계산하는 일반적 방법으로 다음의 공식을 이용하는 등식법을 들 수 있습니다. 그리고 모든 손익계산은 다음과 같은 등식으로 표시할 수 있습니다.

$$\text{매출액} - \text{변동비} - \text{고정비} = \text{순이익}$$

또는,

$$\text{매출액} = \text{변동비} + \text{고정비} + \text{순이익}$$

그러므로,

$$\text{손익분기점(매출액)} = \text{고정비} \div \left(1 - \frac{\text{변동비}}{\text{매출액}}\right)$$

이러한 등식은 손익분기점이나 이익예측을 해야만 하는 상황에서 가장 일반적으로 사용하는 방법입니다. 이때, 고정비란 관리직 사원의 월급, 감가상각비나 재산세 등과 같이 조업도(생산량)과 관계없이 비용이 일정하게 발생하는 것을 말하며 변동비는 재료비, 성과급의 인건비와 같이 조업도(생산량)의 변화에 따라 변동되는 비용을 말합니다. 즉, 고정비는 회사가 일정기간 공장문을 닫고 일을 하지 않더라도 발생되는 비용을 말합니다.

서울상회의 2006년도 손익계산서를 요약 표시한 것이 아래와 같을 경우에 손익분기점을 알아보고, 목표이익 ₩10,000,000을 달성한다고 했을 때 얼마를 매출해야 할 것인가를 계산하면 다음과 같습니다.

손익계산서

1. 매 출 액   ₩20,000,000
2. 총 비 용
   ① 고 정 비   6,000,000
   ② 변 동 비   12,000,000
3. 당기순이익   2,000,000

① 손익분기점(매출액)

$$= 고정비 \div \left(1 - \frac{변동비}{매출액}\right)$$

$$= 6,000,000 \div \left(1 - \frac{12,000,000}{20,000,000}\right)$$

$$= 6,000,000 \div (1 - 0.6)$$

$$= 6,000,000 \div 0.4$$

$$= 15,000,000$$

따라서 서울상회가 1천 5백만원을 매출하면 당기순손익은 "0"으로 계산됩니다.

② 목표이익 : 10,000,000을 달성하기 위한 매출액

$$= (고정비 + 목표이익) \div \left(1 - \frac{변동비}{매출액}\right)$$

$$= (6,000,000 + 10,000,000) \div \left(1 - \frac{12,000,000}{20,000,000}\right)$$

$$= 16,000,000 \div (1 - 0.6)$$

$$= 16,000,000 \div 0.4$$

$$= 40,000,000$$

따라서 서울 상회가 1천만원의 당기순이익을 얻기 위해서는 4천만원의 매출을 달성해야 합니다.

2. 도표법

조업도에 대한 변동비, 고정비와 매출액의 관계를 다음 그림으로 설명할 수 있습니다.

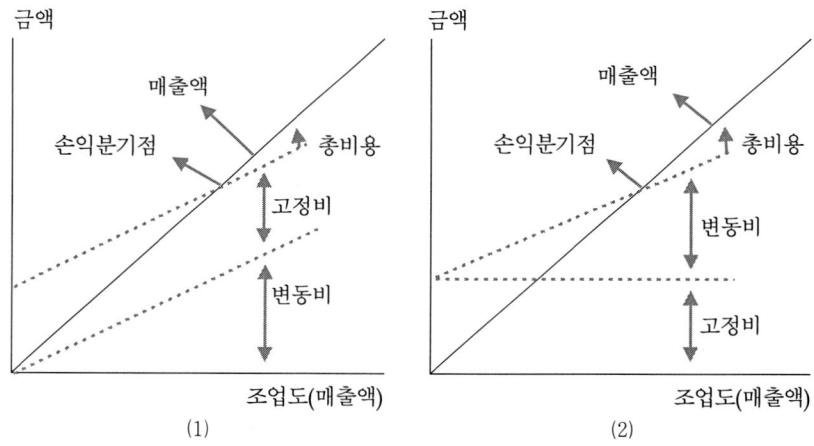

매출액과 총비용선은 모두 원점에서 출발하고 있으며 그들의 수직선상의 차이는 공헌이익을 나타냅니다. 조업도(매출액) 수준이 손익분기점을 넘어섰건, 그렇지 못하건간에 매출액과 변동비선간의 수직적인 차이는 항상 매출액이 고정비를 보상하는 총공헌이익액을 나타내는 것입니다.

위의 그래프에서 보는 바와 같이 손익분기점은 총매출액선과 총비용선이 교차하는 점입니다. 그러나 위의 그래프는 모든 조업도(매출액)수준에 대하여 개괄적인 이익이나 손실을 예시해 준다는 점에 주목하여야 합니다.

원가-조업도-이익 사이의 관계를 비교적 정확하게 나타낼 수 있다면, 그 손익분기분석도표는 신뢰할 수 있을 것입니다. 손익분기도표는 주로 보고용으로 작성하고 정확한 손익분기점은 앞에서 설명한 등식법 등에 의해서 계산하면 됩니다.

손익분기점을 분석할 때 이것이 될 수 있는 한 작아야 기업에 유리합니다. 그렇게 하기 위해서는 고정비를 줄이고 변동비율을 낮추어야 합니다. 이러한 과정을 '합리화'라고 합니다.

배움이란 당신이 이미 알고 있는 것을 발견하는 일이다. 삶이란 당신이 알고 있는 그것을 증명하는 일이다. 그리고 가르침이란 당신과 마찬가지로 다른 사람들에게도 그들이 이미 알고 있는 것을 일깨우는 일이다. 우리 모두는 배우며, 살며, 가르치고 있다.

요점정리

1. 원가 – 조업도 – 이익분석
   원가 – 조업도 – 이익의 세가지 변수가 기업의 목적달성에 어떤 관계가 있는지를 검토.

2. 목표이익 = 목표매출액 – 허용원가

3. 손익분기점의 계산방법

   $$손익분기점(매출액) = 고정비 \div \left(1 - \frac{변동비}{매출액}\right)$$

◇ 최대한 낮추어야 바람직하며 이를 위해 고정비를 줄이고 변동비율을 낮추어야 한다.

배우는 일에 열정을 가지는 것이 좋다. 그러나 아무리 많은 것을
배우더라도 우리가 진정으로 알 수 있는 것은 자신이 사색한 것들뿐이다.

제10장

감사보고서

감사인은 기업이 작성한 재무제표 및 경영상태에 대한 감사를 실시하고 감사보고서를 제출하게 됩니다. 즉, 감사인이 실시한 감사범위와 감사대상 재무제표에 대한 감사인의 의견을 이해관계자에게 보고하는 것입니다. 따라서 이해관계자는 의사결정을 하는데 감사보고서를 주요 자료로 활용하게 됩니다.

제1절 | 감사보고서의 의의와 본질

▶ 감사보고서란 무엇인지 이해한다.
▶ 감사인에 대해서 이해한다.
▶ 감사보고서의 형식 및 내용에 대해서 이해한다.
▶ 감사보고서는 어떠한 것이 있는가에 대하여 이해한다.

01 감사보고서란 무엇인가?

감사보고서(audit reports)는 감사인이 실시한 감사의 결과를 이해관계자에게 보고하는 수단입니다. 즉, 감사인이 실시한 감사범위와 감사대상 재무제표에 대한 의견을 형성·전달함에 있어서 사용하는 수단을 말합니다.

그것은 이해관계자에 대하여 단지 감사의 실시가 종료했다는 것만을 나타내는 것이 아니고, 이해관계자의 요청에 맞추어 공정한 감사인의 입장에서 재무제표에 대하여 감사한 결과 및 그에 관한 부가적 정보를 제공해 주는 것을 말합니다. 감사보고서는 또한 감사인이 자신의 의견에 관한 책임을 공식적으로 인정하는 수단이기도 합니다.

담·아·두·기   회계감사기준

회계감사기준이란 공인회계사인 직업 감사인이 감사를 실시할 때 반드시 지켜야 할 근본적 원칙을 말 합니다. 감사기준은 감사의 기본원칙이며 감사인의 인적자격, 감사 사무의 질적·양적인 척도가 됩니다. 감사기준의 내용으로는 크게 일반기준, 실시기준, 보고기준으로 구분됩니다.

사랑은 모든 것을 이긴다.

02 감사인이란?

감사인이란 감사를 담당하는 자 또는 집행하는 사람을 총칭해서 말합니다. 따라서 감사인에는 일정한 자격을 갖춘 자연인으로서의 공인회계사 뿐만아니라 복수의 공인회계사를 중심으로 한 회계법인, 합동공인회계사 감사반, 상법에 의한 회사의 감사, 정부·공공기관 등 감독기관의 감사관 등도 포함됩니다. 그러나 일반적으로 감사인이란 감사업무만을 전업으로 하는 공인회계사, 회계법인 등을 말합니다. 특히, 주식회사의 외부감사에 관한 법률에 의한 감사는 일정한 자격조건을 갖춘 공인회계사와 회계법인 등 만이 감사를 할 수 있습니다.

03 감사보고서의 구성형식

감사보고서에는 형식적으로 단문식감사보고서와 장문식감사보고서가 있습니다. 오늘날에는 단문식감사보고서가 일반화되어 있습니다.

감사보고서는 본문과 특기사항으로 구분하고 감사보고서일자, 수신인 및 감사인의 명칭과 주소를 기재하고 감사인이 기명날인하여야 합니다. 그리고 감사보고서의 본문은 일반적으로 다음의 3가지 부분(문단)으로 이루어집니다.

① 도입문단
② 범위문단

③ 별도문단

(1) 제목

감사보고서에는 이를 적절하게 표시하는 제목을 부여하고, 제목에는 "외부감사인 또는 독립된 감사인" 이란 문구를 사용함으로써 감사보고서를 회사내부 임원, 이사회, 감사 등이 제출할 수도 있는 보고서, 혹은 독립된 외부의 감사인과 동일한 윤리적 의무를 부담할 필요가 없는 다른 감사인 등이 제출한 보고서와 구분시켜주는 것이 적절합니다.

(2) 수신인

감사보고서의 수신인은 감사계약 또는 법규의 규정에 따라 적절히 정하여야 합니다. 감사보고서의 수신인은 통상 재무제표의 감사대상이 된 회사의 주주 또는 이사회로 합니다.

(3) 도입문단

도입문단은 감사대상 재무제표를 명시하고, 경영자와 감사인의 책임을 구분하는 것이 그 주된 것으로서 회계감사기준에 의하면 다음과 같습니다.
① 당해 감사대상회사의 명칭, 재무상태표일 및 회계연도가 표시된 재무제표의 종류
② 재무제표를 적정하게 작성할 책임은 회사 경영자에게 있으며, 본 감사인의 책임은 동 재무제표에 대하여 감사를 실시하고 이를 근거로 재무제표에 대하여 의견을 표명하는 데 있다는 사실

③ 하나 이상 부문에 대한 타감사인의 감사보고서만을 기초로 전체 감사대상회사의 재무제표에 대한 감사의견을 표명하는 경우 이러한 사실과 전체 재무제표중 타감사인이 감사한 부문이 차지하는 크기
④ 전년도 비교재무제표가 타감사인에 의해 감사되거나 감사받지 않은 경우 이러한 사실

(4) 범위문단

범위문단에는 감사를 실시함에 있어 적용된 회계감사기준과 감사인이 수행한 감사업무에 대하여 간결하게 기술하여야 하며 다음의 내용을 포함합니다.
① 회계감사기준에 따라 재무제표가 중대하게 왜곡표시되지 아니하였다는 것을 합리적으로 확신하도록 감사를 계획하고 실시하였다는 사실
② 감사는 시사의 방법을 적용하여 검증하였고, 재무제표의 전반적인 표시내용에 대한 평가뿐만 아니라 회사가 적용한 회계원칙과 경영자에 의한 중요한 추정에 대해 평가하는 것을 포함하고 있다는 사실
③ 감사인이 실시한 감사가 감사의견 표명을 위한 합리적인 근거를 제공하고 있다고 감사인이 믿는다는 것을 기술하여야 합니다.

(5) 의견문단

감사의견문단은 감사결과에 대하여 감사인의 판단을 기술하는 부분입니다. 감사보고서에는 재무제표가 기업회계기준에 따라 중요성의 관점에서 적정하게 표시되고 있는지, 그리고 재무제표가 법규에서 요구하는 바를 준수했는지(재무제표 작성에 관해 법규에서 요구하는 사항이 있는 경우에 한한다)에 관해 감사인의 의견을 명확히 표명하여야

합니다.

감사인의 의견을 표명하는데 사용되는 문구는 "중요성의 관점에서 적정하게 표시하고 있다" 는 것이며 이것은 감사인이 재무제표에 대해 중요한 사항만을 고려한다는 것을 의미합니다.

(6) 특기사항

감사의견에는 영향을 미치지 아니하나 감사보고서 이용자의 합리적인 의사결정에 중요한 영향을 미칠 적이라고 판단되는 다음과 같은 사항은 감사보고서에 특기사항으로 기술합니다. 특기사항문단은 일반적으로 의견문단 다음에 제시되며, 통상 이와 관련해서는 감사의견이 영향을 받지 않는다는 사실을 나타냅니다.
 ① 합리적으로 추정이 불가능한 중요한 불확실성에 대한 내용
 ② 계속기업으로서 존속할지의 여부가 특히 의문시될 경우 그 내용
 ③ 인수, 합병 등 기업결합을 포함한 영업환경의 중요한 변화
 ④ 특수관계자와의 특히 중요한 거래내용
 ⑤ 재무상태표일 후에 발생한 중요사항
 ⑥ 중요한 회계처리방법 및 추정의 변경 내용과 그 영향
 ⑦ 감사보고서와 감사받은 재무제표가 포함된 서류에 있는 기타정보의 수정이 필요하나 경영자가 이의 수정을 거부할 경우 그 중요한 불일치 내용
 ⑧ 법규에서 요구한 기타정보의 누락사항

(7) 감사보고서 일자

감사보고서 일자는 감사인이 의견형성에 필요한 증거자료를 충분히 얻었다고 판단하여 사실상 감사를 종료한 날로 합니다. 이러한 감사보

고서 일자는 그때까지 발생하고 감사인이 인지하게 된 사건과 거래가 재무제표와 감사보고서에 미칠 수 있는 영향에 대해 감사인이 고려하였음을 감사보고서 이용자에게 알리는 것입니다. 감사인의 책임은 경영자에 의해 작성 및 제시된 재무제표에 대해 보고를 하는 것이므로 경영자에 의해 재무제표가 서명되고 승인된 일자보다 감사보고서 일자를 빠르게 해서는 안 되는 것입니다.

(8) 감사인의 주소

감사보고서에는 당해 감사를 책임지는 감사인의 주된 사무실이 위치한 지역(통상 도시명)을 표시하여야 합니다. 다만, 주소지가 인쇄된 서식을 사용하는 경우에는 생략할 수 도 있습니다.

(9) 감사인의 서명

감사보고서에는 상황에 따라 감사업체명, 공인회계사 개인명의 또는 양자 공동으로 서명해야 합니다

당신은 당신의 동료들을 위해 시간을 내야 한다.
설령 그것이 아무리 작은 일일지라도 다른 사람을 위해 뭔가를 하라.
그것을 하는 특권 외에는 아무런 보상도 바라지 않는 뭔가를…….

03 감사보고서의 내용을 결정하는 요인

감사보고서는 감사실시의 결과 수집된 증거를 종합적으로 판단하여 감사대상전체로서의 재무제표에 대하여 의견을 표명하고, 기타 필요한 설명을 하는 것을 골자로 하여 작성됩니다. 의견표명 및 설명은 감사대상전체와의 관계나 이해관계자에게 주는 인상. 영향에 대한 중요성의 판단과 적정성의 판단을 필요로 합니다.

(1) 감사보고에 있어서의 중요성 판단

중요성의 판단은 ① 의견표명의 전제가 되는 감사절차가 실시되지 않은 경우 그 절차의 중요성 판단과 ② 최종적인 판단, 즉 의견을 표명하는 경우의 문제사항(예외사항이라고 한다)의 중요성의 판단으로 나누어 볼 수 있습니다. 감사인은 내부업무규정으로 중요성기준을 별도로 정하여야 합니다.

1) 감사절차의 중요성 판단

이 경우에는 그 감사절차가 실시되지 않았다는 사실이 감사의견표명에 미치는 영향도에 따라 중요성을 판단합니다. 구체적으로 말하면, 그 감사절차의 생략으로 말미암아 감사의견의 표명에 어느 정도의 불확실성이 가해지는가에 따라 그 중요성이 판단됩니다. 그것이 중요하다고 판단되는 경우에는 만일 다른 절차로 보충.대체되지 않는 한 충분한 증거를 얻었다고 볼 수 없습니다.

2) 예외사항의 중요성 판단

예외사항은 그 중요도에 따라 한정의견 또는 부적정의견 등의 사유가 됩니다. 그것은 정보의 수신자, 즉 이해관계자의 요청과 관련하여 판단되어야 하며, 이 경우 판단상의 주된 기준으로는 양적 요소와 질적 요소를 고려하여야 합니다.

양적 요소는 질적 요소의 중요도와 관련하여 판단하여야 합니다.

〈양적요소〉

양적요소로서는 예외사항의 개별적. 총체적 영향 및 추세에 미치는 영향을 고려하며 다음과 같은 사항 등을 포함합니다.
- ㉠ 예외사항 금액의 절대적인 크기
- ㉡ 총매출액, 매출총이익, 당기순이익 및 주당순이익에 미치는 정도
- ㉢ 총자산, 총부채, 자기자본 및 자본금에 미치는 정도
- ㉣ 해당 계정과목 총액에 대한 정도
- ㉤ 해당 대분류과목 총액에 대한 비율
- ㉥ 수익성과 안정성의 추세에 미치는 영향

〈질적요소〉

질적요소로서 고려할 사항에는 다음과 같은 사항 등을 포함합니다.
- ㉠ 형식보다 실질의 존중
- ㉡ 예외사항이 재무제표에 전반적으로 미치는 영향
- ㉢ 예외사항과 회사의 정상적인 영업활동과의 관계
- ㉣ 자금흐름에 미치는 영향의 정도
- ㉤ 계약조건의 잠재적 위약가능성, 특수관계자와의 비정상적인 거래, 손익의 조작, 거래의 적법성여부, 기타 의도적인 왜곡표시 등 예외사항의 민감성

ⓗ 자산의 가치평가 혹은 현금회수가능성, 판단상의 오류가능성, 계속기업으로서 존재가능성 등 불확실성의 정도

ⓢ 예외사항의 금액이 미래에 미치는 영향의 정도

ⓞ 손익에 영향을 미치는 예외사항은 자산 및 부채에 영향을 미치는 예외사항보다 더 중요한 경우가 많다는 사실

위의 사항 등을 고려하여 구체적인 예를 들어 설명하면 다음과 같습니다.

① 금액의 대소와의 관계

문제가 되는 사항의 금액이나 당기순이익 내지 총자산에 대한 비율이 작다고 해도 명백히 회계기준에 위반하는 사항, 횡령 등의 위법행위에 기인하는 사항, 이사. 지배주주. 관계회사 등 특수이해관계자와의 거래자금에 미치는 영향정도 등은 일반적으로 중요하다고 봅니다. 이에 대하여 단순한 회계처리상의 오류나 사실의 결정이 곤란한 사항 등에 대하여는 금액이 매우 크다해도 중요하다고 보는 일은 드뭅니다.

일반적으로 문제가 되는 예외사항은 손익에 영향을 미치는 경우와 손익에 영향을 미치지 않는 경우로 나누어 볼 수 있습니다.

손익에 영향을 미치는 예외사항으로는 손익계산서항목의 경우 총수익의 1%이상 또는 법인세 비용 차감전순이익의 10%이상은 중요하다고 봅니다. 그러나 예외사항이 총수익의 5%를 초과하거나 법인세비용 차감전순이익의 20%를 초과하는 경우에는 특히 중요한 예외사항으로 보아 감사의견을 표명하여야 할 것입니다.

또한 손익에 영향을 미치지 않는 예외사항으로는 손익계산서항목의 경우에는 특정금액의 20%이상을, 재무상태표항목의 경우에는 자산총액의 2%이상을 중요한 것으로 봅니다. 그러나 예외사항이 손익계산서

항목의 경우 특정항목의 50%를 초과하거나 자산총액의 10%를 초과하는 경우에는 특히 중요한 것으로 보아 감사의견을 표명하여야 할 것입니다.

② 이익결정과의 관계

일반적으로 영업이익이나 순이익의 결정과정에 있어서 경영자의 자의가 개입되기 쉬운 항목들과 과거의 추세로 보아 이상하다고 판단되는 것은 중요하다고 생각됩니다.

③ 재무비율과의 관계

유동비율, 당좌비율, 매출채권회전율, 부채비율, 자본회전율 등의 비율 및 그 변화의 비율에 대해 중대한 영향을 미치는 것은 중요한 항목으로 볼 수 있습니다.

④ 공시와의 관계

이용자의 오해를 사거나 특히 불편을 준다고 확신되는 공시상의 문제점은 중요합니다. 또한 법령, 회계기준 등에 의하여 주기나 주석이 요구되는 사항은 특히 중요하다고 볼 필요가 있습니다.

부적정의견에 이르는 예외사항은 그것이 그 자체로서도 매우 중요할 뿐만 아니라 그 사항이 다른 항목에 미치는 영향의 중대성이 크고, 또는 영향정도가 불명하기 때문에 재무제표가 전체적으로 왜곡표시되어 무의미하다고 인정되는 경우입니다.

위의 금액의 대소와의 관계에서 설명한 내용 중 특히 중요하다고 판단되는 예외사항이 부적정의견에 해당된다고 할 수 있습니다.

(2) 적정성의 판단

감사인이 여러 가지 요소, 예를 들면 회계원칙에의 준거성, 이해관계자의 오도가능성 등을 고려하여 자기의 책임으로 종합적인 판단을 내리기 위한 지표가 되는 것이 적정성이라는 개념입니다. 감사의견을 표명하기 위하여는 먼저 이 개념이 명확하지 않으면 안 됩니다. 중요성의 문제도 그 모두가 적정성에 관한 의견의 형성에 관계되는 것은 아니지만, 적정성의 판단에 영향을 주는 것은 확실합니다.

감사의견이 적정하기 위하여는 다음과 같은 요건이 필요합니다.

① 감사인의 독립성이 유지되어야 한다.
② 감사범위에 제한이 없이 감사실시가 충분히 이루어졌어야 한다.
③ 감사대상에 관련된 개개의 회계처리나 표시방법에 법률. 회계기준 등을 위반한 문제점이 없이 기업회계기준에 따라 재무제표가 작성되어야 한다는 것입니다.

담·아·두·기 독립성
감사인은 경영자와 이해관계자 모두에 대한 공정성을 지킬수 있도록 판단력 있는 공평성 또는 객관성을 견지해야 합니다. 독립성에는 외관상 독립성과 정신적 독립성으로 구분됩니다. 정신적 독립성은 실질적 독립성 이라고도 합니다.

사랑은 모든 것을 이긴다.

제2절 | 감사보고서의 종류

▶ 감사보고서의 종류에 대해서 이해한다.
▶ 감사보고서의 내용에 대해서 이해한다.

감사보고서는 감사인의 의견의 종류에 따라 적정의견보고서, 한정의견보고서, 부적정의견보고서, 의견거절보고서로 분류할 수 있습니다.

01 적정의견 보고서

감사인이 독립성을 유지하고 감사범위의 제한을 받지 않고 회계감사기준에 준거하여 감사를 수행한 결과, 재무제표의 모든 항목에 대하여 합리적인 증거를 기초로 재무제표 작성에 적용된 회계처리방법과 재무제표 표시방법이 기업회계기준에 일치되고, 재무제표에 중요한 영향을 미칠 수 있는 불확실한 사항이 없다고 인정되는 경우에는, 재무제표가 기업의 재무상태. 경영성과. 이익잉여금과 자본의 변동 및 현금흐름 내용을 기업회계기준에 따라 적정하게 표시하고 있다는 의견을 표명하여야 합니다. 특히, 주의해야 할 것은 적정의견보고서라 하여 당해 회사의 재무상태나 경영성과 등이 양호하다는 것은 아니라는 것입니다. 적정의견은 회사의 회계처리가 기업회계기준에 따라 처리되고 그 결과 작성된 재무제표가 적정하게 작성되어 있다는 것을 확인하는 것이기 때문입니다.

적정의견 표명 감사보고서를 예시하면 다음과 같습니다.

외부감사인의 감사보고서(*)

×××주식회사
주주 및 이사회 귀중   20×7년 2월 28일

  본 감사인은 ×××주식회사의 20×6년 12월 31일 현재의 재무상태표와 동일로 종료되는 회계연도의 손익계산서, 이익잉여금처분계산서, 자본변동표 및 현금흐름표를 감사하였습니다. 이 재무제표를 적정하게 작성할 책임은 회사 경영자에게 있으며 본 감사인의 책임은 동 재무제표에 대하여 감사를 실시하고 이를 근거로 이 재무제표에 대하여 의견을 표명하는데 있습니다.

  본 감사인은 회계감사기준에 따라 감사를 실시하였습니다. 이 기준은 본 감사인이 재무제표가 중대하게 왜곡표시되지 아니하였다는 것을 합리적으로 확신하도록 감사를 계획하고 실시할 것을 요구하고 있습니다. 감사는 재무제표상의 금액과 공시내용을 뒷받침하는 감사증거에 대하여 시사의 방법을 적용하여 검증하는 것을 포함하고 있습니다. 또한 감사는 재무제표의 전반적인 표시내용에 대한 평가뿐만 아니라 회사가 적용한 회계원칙과 경영자에 의한 중요한 추정에 대해 평가하는 것을 포함하고 있습니다. 본 감사인이 실시한 감사가 감사의견 표명을 위한 합리적인 근거를 제공하고 있다고 본 감사인은 믿습니다.

  본 감사인의 의견으로는 상기 재무제표는 ×××주식회사의 20×6년 12월 31일 현재의 재무상태와 동일로 종료되는 회계연도의 경영성과 그리고 이익잉여금 및 자본의 변동과 현금흐름의 내용을 기업회계기준에 따라 중요성의 관점에서 적정하게 표시하고 있습니다.

                                    서울특별시 ××구 ××동 ××번지
                                    ××회계법인
                                    대표이사   ×   ×   × (인)

(*) "독립된 감사인의 감사보고서"로 할 수도 있음.

02 한정의견 보고서

한정의견보고서는 재무제표 작성에 적용된 회계처리방법과 재무제표 표시방법 중 일부가 기업회계기준에 위배되거나 감사의견을 형성하는데 필요한 합리적인 증거를 얻지 못하여 이에 관련되는 예외사항이 재무제표에 중요한 영향을 미치고 있거나 미칠 수도 있다고 인정될 경우에는 "다음 문단에서 설명하고 있는 사항을 제외하고는" 이라고 하여 재무제표가 기업의 재무상태, 경영성과, 이익잉여금과 자본의 변동 및 현금흐름의 내용을 기업회계기준에 따라 적절하게 표시하고 있다는 의견을 표명합니다.

일반적으로 한정의견보고서에는 그 요지. 이유 그리고 그 한정사항이 재무제표에 미치는 영향을 기재하여야 하며, 감사인의 책임을 명시하고 그 용어와 문장에 관해서는 세심한 주의를 하여야 합니다.

또한 한정된 재무제표의 적정성에 관해서 의견표명을 부정할 정도로 중요한 경우에는 의견의 한정으로는 타당하지 않고, 부적정 또는 의견거절보고서가 작성되어야 합니다.

한정의견 감사보고서를 예시하면 다음과 같습니다.

외부감사인의 감사보고서

×××주식회사
주주 및 이사회 귀중   20×7년 2월 28일

  본 감사인은 ×××주식회사의 20×6년 12월 31일 현재의 재무상태표와 동일로 종료되는 회계연도의 손익계산서, 이익잉여금처분계산서, 자본변동표 및 현금흐름표를 감사하였습니다. 이 재무제표를 적정하게 작성할 책임은 회사 경영자에게 있으며 본 감사인의 책임은 동 재무제표에 대하여 감사를 실시하고 이를 근거로 이 재무제표에 대하여 의견을 표명하는데 있습니다.

  다음 문단에서 설명하고 있는 사항을 제외하고는 본 감사인은 회계감사기준에 따라 감사를 실시하였습니다. 이 기준은 본 감사인이 재무제표가 중대하게 왜곡표시되지 아니하였다는 것을 합리적으로 확신하도록 감사를 계획하고 실시할 것을 요구하고 있습니다. 감사는 재무제표상의 금액과 공시내용을 뒷받침하는 감사증거에 대하여 시사의 방법을 적용하여 검증하는 것을 포함하고 있습니다. 또한 감사는 재무제표의 전반적인 표시내용에 대한 평가뿐만 아니라 회사가 적용한 회계원칙과 경영자에 의한 중요한 추정에 대해 평가하는 것을 포함하고 있습니다. 본 감사인이 실시한 감사가 감사의견 표명을 위한 합리적인 근거를 제공하고 있다고 본 감사인은 믿습니다.

  본 감사인은 20×7년도 회계기간중에 회사의 감사인으로 지명되었으므로 20×6년 12월 31일 현재의 재고자산 ××원에 대하여 실사에 입회하지 못하였습니다. 또한 대체적인 방법에 의해서도 동 재고자산에 대해 만족할만한 결과를 얻지 못하였습니다.

  본 감사인의 의견으로는 재고자산의 수량과 관련하여 만족할 수 있는 감사를 실시했더라면 발견할 수도 있었던 수정사항의 영향을 제외하고는 상기 재무제표는 ×××주식회사의 20×6년 12월 31일 현재의 재무상태와 동일로 종료되는 회계연도의 경영성과 그리고 이익잉여금과 자본의 변동과 현금흐름의 내용을 기업회계기준에 따라 중요성의 관점에서 적정하게 표시하고 있습니다.

                                  서울특별시 ××구 ××동 ××번지
                                  ××회계법인
                                  대표이사   ×   ×   × (인)

외부감사인의 감사보고서

×××주식회사
주주 및 이사회 귀중   20×7년 2월 28일

  본 감사인은 ×××주식회사의 20×6년 12월 31일 현재의 재무상태표와 동일로 종료되는 회계연도의 손익계산서, 이익잉여금처분계산서, 자본변동표 및 현금흐름표를 감사하였습니다. 이 재무제표를 적정하게 작성할 책임은 회사 경영자에게 있으며 본 감사인의 책임은 동 재무제표에 대하여 감사를 실시하고 이를 근거로 이 재무제표에 대하여 의견을 표명하는데 있습니다.

  본 감사인은 회계감사기준에 따라 감사를 실시하였습니다. 이 기준은 본 감사인이 재무제표가 중대하게 왜곡표시되지 아니하였다는 것을 합리적으로 확신하도록 감사를 계획하고 실시할 것을 요구하고 있습니다. 감사는 재무제표상의 금액과 공시내용을 뒷받침하는 감사증거에 대하여 시사의 방법을 적용하여 검증하는 것을 포함하고 있습니다. 또한 감사는 재무제표의 전반적인 표시내용에 대한 평가뿐만 아니라 회사가 적용한 회계원칙과 경영자에 의한 중요한 추정에 대해 평가하는 것을 포함하고 있습니다. 본 감사인이 실시한 감사가 감사의견 표명을 위한 합리적인 근거를 제공하고 있다고 본 감사인은 믿습니다.

  주석 ×에서 설명하는 바와 같이 상기 재무제표에는 기업회계기준에 의한 감가상각비가 반영되지 않았습니다. 20×6년 12월 31일로 종료되는 회계연도에 계상하여야 할 감가상각비는 건물에 대해 5%, 장비에 대해 20%의 정율법에 의한 연상각율 적용시 ×××원입니다. 따라서 유형자산은 ×××원의 감가상각 누계액만큼 감소되어야 하고 당기순이익과 차기이월이익잉여금이 각각×××원 및 ×××원만큼 감소되어야 합니다.

  본 감사인의 의견으로는 위 문단에서 언급한 사항이 재무제표에 미치는 영향을 제외하고는 상기 재무제표는 ×××주식회사의 20×6년 12월 31일 현재의 재무상태와 동일로 종료되는 회계연도의 경영성과 그리고 이익잉여금과 자본의 변동, 현금흐름의 내용을 기업회계기준에 따라 중요성의 관점에서 적정하게 표시하고 있습니다.

                              서울특별시 ××구 ××동 ××번지
                              ××회계법인
                              대표이사　　×　　×　　×(인)

03 부적정의견 보고서

　부적정의견보고서는 적정의견보고서와 완전히 대립되는 감사보고서입니다. 부적정의견은 심히 부당한 회계처리나 정당한 이유없이 중대한 회계처리방법의 변경이나 한정사항이 재무제표에 특히 중대한 영향을 미치고 있다고 인정되는 경우입니다.
　기업회계기준에 위배되는 사항이 재무제표에 특히 중대한 영향을 미침으로써 재무제표가 전체적으로 왜곡표시되어 무의미하다고 인정되는 경우에는 그러한 사유로 인하여 재무제표가 기업의 재무상태, 경영성과, 이익잉여금과 자본의 변동과 현금흐름의 내용을 기업회계기준에 따라 적절하게 표시하고 있지 아니하다는 의견을 표명하여야 합니다.

　부적정의견 감사보고서를 예시하면 다음과 같습니다.

사랑은 인간을 치료한다.
"그것을 주는 사람과 받는 사람 모두를········"

외부감사인의 감사보고서

×××주식회사
주주 및 이사회 귀중   20×7년 2월 28일

　본 감사인은 ×××주식회사의 20×6년 12월 31일 현재의 재무상태표와 동일로 종료되는 회계연도의 손익계산서, 이익잉여금처분계산서, 자본변동표 및 현금흐름표를 감사하였습니다. 이 재무제표를 적정하게 작성할 책임은 회사 경영자에게 있으며 본 감사인의 책임은 동 재무제표에 대하여 감사를 실시하고 이를 근거로 이 재무제표에 대하여 의견을 표명하는데 있습니다.

　본 감사인은 회계감사기준에 따라 감사를 실시하였습니다. 이 기준은 본 감사인이 재무제표가 중대하게 왜곡표시되지 아니하였다는 것을 합리적으로 확신하도록 감사를 계획하고 실시할 것을 요구하고 있습니다. 감사는 재무제표상의 금액과 공시내용을 뒷받침하는 감사증거에 대하여 시사의 방법을 적용하여 검증하는 것을 포함하고 있습니다. 또한 감사는 재무제표의 전반적인 표시내용에 대한 평가뿐만 아니라 회사가 적용한 회계원칙과 경영자에 의한 중요한 추정에 대해 평가하는 것을 포함하고 있습니다. 본 감사인이 실시한 감사가 감사의견 표명을 위한 합리적인 근거를 제공하고 있다고 본 감사인은 믿습니다.

　회사는 매출채권 중 회수가능성이 없는 ×××백만원에 대하여 대손충당금을 설정하지 아니하였습니다. 이로 인하여 기업회계기준에 따라 처리하였을 경우보다 재무제표상의 매출채권이 ×××백만원만큼 과대계상되어 있습니다. 그리고, 당기순이익이 ×××백만원, 차기이월이익잉여금이 ×××백만원 각각 과대계상되어 있습니다.

　본 감사인의 의견으로는 위 문단에서 언급된 사항의 영향이 중대하므로 상기 재무제표는 ×××주식회사의 20×6년 12월 31일 현재의 재무상태와 동일로 종료되는 회계연도의 경영성과 그리고 이익잉여금과 자본의 변동, 현금흐름의 내용을 기업회계기준에 따라 적정하게 표시하고 있지 아니합니다.

　　　　　　　　　　　　　　　　　서울특별시 ××구 ××동 ××번지
　　　　　　　　　　　　　　　　　××회계법인
　　　　　　　　　　　　　　　　　대표이사　　×　　×　　×(인)

04 의견거절 보고서

의견거절 보고서는 감사의견을 형성하는데 필요한 합리적인 증거를 얻지 못하여 재무제표 전체에 대한 의견표명이 불가능하거나, 기업의 존립에 의문을 제기할 만한 객관적인 사항이 특히 중대한 경우 또는 감사인이 감사를 수행함에 있어 독립성이 결여되어 있는 경우 등 재무제표 적정성에 대한 의견표명을 하지 못하는 경우에 작성하는 것입니다. 감사범위의 제한으로 합리적인 증거를 얻지 못하여 회계감사기준에 준거 할 수 없는 사정이 있는 경우에는 감사인은 의견을 표명하지 못하며, 또한 의견을 표명했다 할지라도 대부분의 경우 무의미하게 됩니다. 의견표명을 거절한 감사인은 자기의 책임을 분명히 하고 제 3자로 하여금 판단의 오류를 범하지 않게 하기 위해서 의견거절의 이유를 명시하여야 합니다.
의견거절 감사보고서를 예시하면 다음과 같습니다.

> 만일 당신이 당신의 가슴속에서
> 다른 사람을 도와 주고자 하는 마음을 발견할 수 있다면
> 당신은 인생에서 성공한 것이다.

외부감사인의 감사보고서

×××주식회사
주주 및 이사회 귀중   20×7년 2월 28일

  본 감사인은 ×××주식회사에 대하여 독립성이 결여되어 있습니다. 따라서 별첨 ×××주식회사의 20×6년 12월 31일 현재의 재무상태표와 동일로 종료되는 회계연도의 손익계산서, 이익잉여금처분계산서, 자본변동표 및 현금흐름표는 회계감사기준을 준수하여 감사된 것이 아니므로, 본 감사인은 이 재무제표에 대하여 감사의견 표명을 거절합니다.

  비교표시된 20×5년 12월 31일로 종료되는 회계연도의 재무제표는 감사되지 아니한 것입니다.

                              서울특별시 ××구 ××동 ××번지
                              ××회계법인
                              대표이사   ×   ×   × (인)

부록

재무제표양식

부록Ⅰ. 재무제표 양식

1. 재무상태표 양식

대 차 대 조 표

제×기 20××년×월×일 현재
제×기 20××년×월×일 현재

회사명 (단위 : 원)

과 목	당 기		전 기	
자 산				
유동자산		×××		×××
당좌자산		×××		×××
현금및현금성자산	×××		×××	
단기투자자산	×××		×××	
매출채권	×××		×××	
선급비용	×××		×××	
이연법인세자산	×××		×××	
……	×××		×××	
재고자산		×××		×××
제품	×××		×××	
재공품	×××		×××	
원재료	×××		×××	
……	×××		×××	
비유동자산		×××		×××
투자자산		×××		×××
투자부동산	×××		×××	
장기투자증권	×××		×××	
지분법적용투자주식	×××		×××	
……	×××		×××	
유형자산		×××		×××
토지	×××		×××	
설비자산	×××		×××	
(−) 감가상각누계액	(×××)		(×××)	
……	×××		×××	
무형자산		×××		×××
영업권	×××		×××	
산업재산권	×××		×××	
개발비	×××		×××	
……	×××		×××	
기타비유동자산		×××		×××
이연법인세자산	×××		×××	
……	×××		×××	
자 산 총 계		×××		×××

과 목	당 기	전 기
부 채		
유동부채	×××	×××
① 단기차입금	×××	×××
② 매입채무	×××	×××
③ 미지급법인세	×××	×××
④ 미지급비용	×××	×××
⑤ 이연법인세부채	×××	×××
⑥ …….	×××	×××
⑦ **비유동부채**	×××	×××
⑧ 사채	×××	×××
⑨ 신주인수권부사채	×××	×××
⑩ 전환사채	×××	×××
⑪ 장기차입금	×××	×××
⑫ 퇴직급여충당부채	×××	×××
⑬ 장기제품보증충당부채	×××	×××
⑭ 이연법인세부채	×××	×××
⑮ …….	×××	×××
부 채 총 계	×××	×××
자 본		
⑯ **자본금**	×××	×××
⑰ 보통주자본금	×××	×××
⑱ 우선주자본금	×××	×××
① **자본잉여금**	×××	×××
② 주식발행초과금	×××	×××
③ …….	×××	×××
④ **자본조정**	×××	×××
⑤ 자기주식	×××	×××
⑥ …….	×××	×××
⑦ **기타포괄손익누계액**	×××	×××
⑧ 매도가능증권평가손익	×××	×××
⑨ 해외사업환산손익	×××	×××
⑩ 현금흐름위험회피 파생상품평가손익	×××	×××
⑪ …….	××× ×××	××× ×××
⑫ **이익잉여금(또는 결손금)**	×××	×××
⑬ 법정적립금	×××	×××
⑭ 임의적립금		
⑮ 미처분이익잉여금 (또는 미처리결손금)		
⑯ **자본총계**	×××	×××
⑰ **부채 및 자본 총계**	×××	×××

2. 손익계산서 양식 (중단사업손익이 있을 경우)

손 익 계 산 서

제×기 20××년×월×일부터　20××년×월×일까지
제×기 20××년×월×일부터　20××년×월×일까지

회사명　　　　　　　　　　　　　　　　　　　　　　　　　(단위 : 원)

과　　　　　목	당　기		전　기	
매출액		×××		×××
매출원가		×××		×××
기초제품(또는 상품)재고액	×××		×××	
당기제품제조원가	×××		×××	
(또는 당기상품매입액)				
기말제품(또는 상품)재고액	(×××)		(×××)	
매출총이익(또는 매출총손실)		×××		×××
판매비와관리비		×××		×××
급여	×××		×××	
퇴직급여	×××		×××	
복리후생비	×××		×××	
임차료	×××		×××	
접대비	×××		×××	
감가상각비	×××		×××	
무형자산상각비	×××		×××	
세금과공과	×××		×××	
광고선전비	×××		×××	
연구비	×××		×××	
경상개발비	×××		×××	
대손상각비	×××		×××	
……	×××		×××	
영업이익(또는 영업손실)		×××		×××
영업외수익		×××		×××
이자수익	×××		×××	
배당금수익	×××		×××	
임대료	×××		×××	
단기투자자산처분이익	×××		×××	
단기투자자산평가이익	×××		×××	
외환차익	×××		×××	
외화환산이익	×××		×××	
지분법이익	×××		×××	
장기투자증권손상차손환입	×××		×××	
유형자산처분이익	×××		×××	
사채상환이익	×××		×××	
전기오류수정이익	×××		×××	
……	×××		×××	

과목	당기		전기	
영업외비용	×××		×××	
이자비용	×××		×××	
기타의대손상각비	×××		×××	
단기투자자산처분손실	×××		×××	
단기투자자산평가손실	×××		×××	
재고자산감모손실	×××		×××	
외환차손	×××		×××	
외화환산손실	×××	×××	×××	×××
기부금	×××		×××	
지분법손실	×××		×××	
장기투자증권손상차손	×××		×××	
유형자산처분손실	×××		×××	
사채상환손실	×××		×××	
전기오류수정손실	×××		×××	
……	×××		×××	
법인세비용차감전계속사업손익		×××		×××
계속사업손익법인세비용		×××		×××
계속사업이익(또는 계속사업손실)		×××		×××
중단사업손익		×××		×××
(법인세효과: ×××원)				
당기순이익(또는 당기순손실)		×××		×××
주당손익				
기본주당계속사업손익		×××원		×××원
기본주당순손익		×××원		×××원
희석주당계속사업손익		×××원		×××원
희석주당순손익		×××원		×××원

3. 손익계산서 양식 (중단사업손익이 없을 경우)

손 익 계 산 서

제×기 20××년×월×일부터　20××년×월×일까지
제×기 20××년×월×일부터　20××년×월×일까지

회사명　　　　　　　　　　　　　　　　　　　　　　　　　　(단위 : 원)

과　　　　　목	당　기		전　기	
매출액		×××		×××
매출원가		×××		×××
기초제품(또는 상품)재고액	×××		×××	
당기제품제조원가	×××		×××	
(또는 당기상품매입액)				
기말제품(또는 상품)재고액	(×××)		(×××)	
매출총이익(또는 매출총손실)		×××		×××
판매비와관리비		×××		×××
급여	×××		×××	
퇴직급여	×××		×××	
복리후생비	×××		×××	
임차료	×××		×××	
접대비	×××		×××	
감가상각비	×××		×××	
무형자산상각비	×××		×××	
세금과공과	×××		×××	
광고선전비	×××		×××	
연구비	×××		×××	
경상개발비	×××		×××	
대손상각비	×××		×××	
……				
영업이익(또는 영업손실)		×××		×××
영업외수익		×××		×××
이자수익	×××		×××	
배당금수익	×××		×××	
임대료	×××		×××	
단기투자자산처분이익	×××		×××	
단기투자자산평가이익	×××		×××	
외환차익	×××		×××	
외화환산이익	×××		×××	
지분법이익	×××		×××	
장기투자증권손상차손환입	×××		×××	
유형자산처분이익	×××		×××	
사채상환이익	×××		×××	
전기오류수정이익	×××		×××	
……				

과 목	당 기	전 기
영업외비용	×××	×××
이자비용	×××	×××
기타의대손상각비	×××	×××
단기투자자산처분손실	×××	×××
단기투자자산평가손실	×××	×××
재고자산감모손실	×××	×××
외환차손	×××	×××
외화환산손실	×××	×××
기부금	×××	×××
지분법손실	×××	×××
장기투자증권손상차손	×××	×××
유형자산처분손실	×××	×××
사채상환손실	×××	×××
전기오류수정손실	×××	×××
……	×××	×××
법인세비용차감전순손익	×××	×××
법인세비용	×××	×××
당기순이익(또는 당기순손실)	×××	×××
주당손익		
기본주당순손익	×××원	×××원
희석주당순손익	×××원	×××원

4. 이익잉여금처분계산서 양식

이익잉여금처분계산서

제 × 기 20××년×월×일부터
       20××년×월×일까지
처분예정일 20××년×월×일

제 × 기 20××년×월×일부터
       20××년×월×일까지
처분확정일 20××년×월×일

회사명 (단위 : 원)

구　　　　　분	당 기		전 기	
미처분이익잉여금		×××		×××
전기이월미처분이익잉여금	×××		×××	
(또는 전기이월미처리결손금)				
회계정책변경누적효과	–		×××	
전기오류수정	–		×××	
중간배당액	×××		×××	
당기순이익(또는 당기순손실)	×××		×××	
임의적립금등의이입액		×××		×××
×××적립금	×××		×××	
×××적립금	×××		×××	
합　　　　계		×××		×××
이익잉여금처분액		×××		×××
이익준비금	×××		×××	
기타법정적립금	×××		×××	
주식할인발행차금상각액	×××		×××	
배당금	×××		×××	
현금배당				
주당배당금(률) 보통주 : 당기 ××원(%)				
전기 ××원(%)				
우선주 : 당기 ××원(%)				
전기 ××원(%)				
주식배당				
주당배당금(률) 보통주 : 당기 ××원(%)				
전기 ××원(%)				
우선주 : 당기 ××원(%)				
전기 ××원(%)				
사업확장적립금	×××		×××	
감채적립금	×××		×××	
……				
차기이월미처분이익잉여금		×××		×××

5. 결손금처리계산서 양식

결손금처리계산서

제 × 기 20××년×월×일부터
         20××년×월×일까지
처리예정일 20××년×월×일

제 × 기 20××년×월×일부터
         20××년×월×일까지
처리확정일 20××년×월×일

회사명 (단위 : 원)

구 분	당 기	전 기
미처리결손금	×××	×××
전기이월미처분이익잉여금	×××	×××
(또는 전기이월미처리결손금)		
회계정책변경누적효과	-	×××
전기오류수정	-	×××
중간배당액	×××	×××
당기순이익(또는 당기순손실)	×××	×××
결손금처리액	×××	×××
임의적립금이입액	×××	×××
법정적립금이입액	×××	×××
자본잉여금이입액	×××	×××
차기이월미처리결손금	×××	×××

6. 자본변동표 양식

자 본 변 동 표

제×기 20××년×월×일부터 20××년×월×일까지
제×기 20××년×월×일부터 20××년×월×일까지

회사명 (단위 : 원)

구 분	자본금	자본잉여금	자본조정	기타포괄손익누계액	이익잉여금	총 계
20××.×.×(보고금액)	×××	×××	×××	×××	×××	×××
회계정책변경누적효과					(×××)	(×××)
전기오류수정					(×××)	(×××)
수정후 이익잉여금					×××	×××
연차배당					(×××)	(×××)
처분후 이익잉여금					×××	×××
중간배당					(×××)	(×××)
유상 증자(감자)	×××	×××				×××
당기순이익(손실)					×××	×××
자기주식 취득			(×××)			(×××)
해외사업환산손익				(×××)		(×××)
20××.×.×	×××	×××	×××	×××	×××	×××
20××.×.×(보고금액)	×××	×××	×××	×××	×××	×××
회계정책변경누적효과					(×××)	(×××)
전기오류수정					(×××)	(×××)
수정후 이익잉여금					×××	×××
연차배당					(×××)	(×××)
처분후 이익잉여금					×××	×××
중간배당					(×××)	(×××)
유상 증자(감자)	×××	×××				×××
당기순이익(손실)					×××	×××
자기주식 취득			(×××)			(×××)
매도가능증권평가손익				×××		×××
20××.×.×	×××	×××	×××	×××	×××	×××

7. 포괄손익계산서의 주석 양식

포괄손익계산서

제×기 20××년×월×일부터 20××년×월×일까지
제×기 20××년×월×일부터 20××년×월×일까지

회사명 (단위 : 원)

구　　분	당　기	전　기
당기순손익	×××	×××
회계정책변경누적효과㈜	×××	×××
기타포괄손익	×××	×××
매도가능증권평가손익(법인세효과 : ×××원)		
해외사업환산손익(법인세효과 : ×××원)		
현금흐름위험회피 파생상품평가손익		
(법인세효과 : ×××원)		
……		
포괄손익	×××	×××

㈜ 회계정책의 변경에 대하여 소급적용하지 않고 회계정책 변경의 누적효과를 기초 이익잉여금에 일시에 반영하는 경우(A56)

부록 2. 이익잉여금처분계산서 및 자본변동표 작성사례

1. 아래 4번과 5번을 반영하지 않은 각 회계연도 말의 자본은 다음과 같다.

	20×1.12.31	20×2.12.31	20×3.12.31
자본금			
보통주자본금	1,000,000	1,500,000 [1]	2,000,000 [3]
자본잉여금			
주식발행초과금		250,000 [1]	600,000 [3]
자본조정			
자기주식		(12,000) [2]	(30,000) [4]
기타포괄손익누계액			
매도가능증권평가손익	30,000	15,000	30,000
해외사업환산손익	20,000	(10,000)	(20,000)
이익잉여금			
법정적립금	100,000	120,000	200,000
임의적립금	20,000	80,000	100,000
미처분이익잉여금	130,000	430,000	750,000
자 본 총 계	1,300,000	2,373,000	3,630,000

(1) 20×2년 1월에 주식 1,000주(주식액면금액: @500, 주식발행금액: @750)를 발행
(2) 20×2년 4월에 자기주식 20주(취득금액: @600)를 취득
(3) 20×3년 5월에 주식 1,000주(주식액면금액: @500, 주식발행금액: @850)를 발행
(4) 20×3년 6월에 자기주식 20주(취득금액: @900)를 취득

2. 아래 4번과 5번을 반영하지 않은 각 회계연도의 이익잉여금 변동은 다음과 같다.

	20×1	20×2	20×3
전기말 이익잉여금	200,000	250,000	630,000
연차배당	(40,000)	(10,000)	(50,000)
중간배당	(10,000)	(10,000)	(30,000)
당기순이익	100,000	400,000	500,000
당기말 이익잉여금	250,000	630,000	1,050,000

3. 각 회계연도의 미처분이익잉여금에 대한 처분계획은 다음과 같다.

	20×1	20×2	20×3
이익준비금 적립	20,000	80,000	100,000
연차배당	10,000	50,000	100,000
임의적립금 적립	60,000	20,000	100,000
처분액 합계	90,000	150,000	300,000

4. 20×3년에 20×0년 1월에 취득한 기계장치 B(취득원가: 100,000, 내용연수: 5년, 잔존가치: 0)의 감가상각방법을 정률법(40%)에서 정액법으로 변경하였다. 단, 법인세효과는 고려하지 않는다.

	20×0	20×1	20×2	20×3	20×4
정률법	40,000	24,000	14,400	8,640	12,960
정액법	20,000	20,000	20,000	20,000	20,000
차이	20,000	4,000	(5,600)	(11,360)	(7,040)
누적효과(정률법)	40,000	64,000	78,400	87,040	100,000
누적효과(정액법)	20,000	40,000	60,000	80,000	100,000
차이	20,000	24,000	18,400	7,040	-

5. 20×0년에 1월에 취득한 무형자산 A(취득원가: 500,000, 내용연수: 5년, 잔존가치: 0)를 자산으로 회계처리하지 않고 비용으로 처리한 오류를 20×3년에 발견하였다. 이것은 중대한 오류에 해당된다고 판단하였다. 단, 법인세효과는 고려하지 않는다.

	20×0	20×1	20×2	20×3	20×4
비용처리	500,000	-	-	-	-
자산처리	100,000	100,000	100,000	100,000	100,000
차이	400,000	(100,000)	(100,000)	(100,000)	(100,000)
누적효과(비용처리)	500,000	500,000	500,000	500,000	500,000
누적효과(자산처리)	100,000	200,000	300,000	400,000	500,000
차이	400,000	300,000	200,000	100,000	-

이익잉여금처분계산서

제 × 기 20×3년 1월 1일부터
         20×3년 12월 31일까지
처분예정일 20×4년 ×월 ×일

제 × 기 20×2년 1월 1일부터
         20×2년 12월 31일까지
처분확정일 20×3년 ×월 ×일

회사명   (단위 : 원)

구 분	당 기	전 기
미처분이익잉여금(Ⅰ)	857,040	648,400
전기이월미처분이익잉여금	498,400	40,000 (a)
회계정책변경누적효과	-	24,000 (b)
전기오류수정	-	300,000 (c)
중간배당액	(30,000)	(10,000)
당기순이익	388,640 (e)	294,400 (d)
임의적립금등의이입액(Ⅱ)	-	-
합 계(Ⅰ+Ⅱ)	857,040	648,400
이익잉여금처분액(Ⅲ)	300,000 (f)	150,000
이익준비금	100,000	80,000
배당금	100,000	50,000
현금배당		
주당배당금(률) 보통주 : 당기 ××원(%)		
전기 ××원(%)		
임의적립금	100,000	20,000
차기이월미처분이익잉여금(Ⅰ+Ⅱ-Ⅲ)	557,040	498,400

(a) 130,000(20×1년말 미처분이익잉여금(보고금액)) - 90,000(20×2년 주주총회의 결정에 따른 미처분이익잉여금의 변동) = 40,000
(b) 20×3년의 회계정책변경에 따른 20×1년말 미처분이익잉여금의 수정
(c) 20×3년에 발견한 중대한 전기오류수정에 따른 20×1년말 미처분이익잉여금의 수정
(d) 400,000(20×2년 보고 당기순이익) - 5,600(회계정책변경효과) - 100,000(전기오류수정효과) = 294,400
(e) 500,000(회계정책변경과 전기오류수정 반영하기 전 20×3년 당기순이익) - 11,360(회계정책변경효과) - 100,000(전기오류수정효과) = 388,640
(f) 처분예정일인 20×4년 ×월 ×일에 주주총회에서 결정될 미처분이익잉여금의 처분액

자 본 변 동 표

제×기 20×3년 1월 1일부터 20×3년 12월 31일까지
제×기 20×2년 1월 1일부터 20×2년 12월 31일까지

회사명 (단위 : 원)

구 분	자 본 금	자본잉여금	자본조정	기타포괄손익누계액	이익잉여금	총 계
20×2. 1. 1(보고금액)	1,000,000	–	–	50,000	250,000	1,300,000
회계정책변경누적효과					24,000	24,000
전기오류수정					300,000	300,000
수정후 이익잉여금					574,000	1,624,000
연차배당					(10,000)	(10,000)
처분후 이익잉여금					564,000	1,614,000
중간배당					(10,000)	(10,000)
유상 증자	500,000	250,000				750,000
당기순이익					294,400 [1]	294,400
자기주식 취득			(12,000)			(12,000)
매도가능증권평가손익				(15,000)		(15,000)
해외사업환산손익				(30,000)		(30,000)
20×2.12.31	1,500,000	250,000	(12,000)	5,000	848,400	2,591,400
20×3. 1. 1(보고금액)	1,500,000	250,000	(12,000)	5,000	630,000	2,373,000
회계정책변경누적효과					18,400	18,400
전기오류수정					200,000	200,000
수정후 이익잉여금					848,400	2,591,400
연차배당					(50,000)	(50,000)
처분후 이익잉여금					798,400	2,541,400
중간배당					(30,000)	(30,000)
유상 증자	500,000	350,000				850,000
당기순이익					388,640 [2]	388,6400
자기주식 취득			(18,000)			(18,000)
매도가능증권평가손익				15,000		15,000
해외사업환산손익				(10,000)		(10,000)
20×3.12.31	2,000,000	600,000	(30,000)	10,000	1,157,040	3,737,040

(1) 400,000(20×2년 보고 당기순이익) − 5,600(회계정책변경효과) − 100,000(전기오류수정효과) = 294,400
(2) 500,000(회계정책변경과 전기오류수정 반영하기 전 20×3년 당기순이익) − 11,360(회계정책변경효과) − 100,000(전기오류수정효과) = 388,640

고성삼

약력
- 미 일리노이주립대학교, 죠지와싱톤대학교 교환교수
- (사) 한국회계정보학회 회장 역임, 고문
- (사) 대한경영학회 회장 역임, 고문
- 공인회계사시험 출제위원
- 한국생산성본부 원가관리사 시험위원
- 국세청 부기검정시험위원
- 재무부 증권관리위원회 회계제도 자문위원
- (사)한국경영지도연구원 이사장
- 전, 중앙대학교 회계연구소 소장
- 현, 중앙대학교 경영경제대학 명예교수(경영학 박사)
- 공인회계사, 세무사
- 홍조근정훈장
- 부총리겸 교육인적자원부 장관상
- 부총리겸 기획재정부 장관표창

주요 논문 및 저서
- 물가변동과 재무제표수정에 관한 연구
- 외화환산회계에 관한 연구
- 사립대학의 재정합리화방안에 관한 연구
- 한국 공인회계사제도 개선에 관한 연구 외
- 현대부기회계
- 회계원리
- 회계학원론
- 최신회계감사론
- 모의 공인회계사 제1차시험문제집
- 국세기본법
- 세법의 이해
- 세무.회계용어 사전
- 최신원가관리회계 외

회계의 이해

발 행 일 / 2022년 10월 10일 신정판 발행
저　자 / 고 성 삼
발 행 인 / (사) 한국경영지도연구원
인　쇄 / 도서출판 다니엘123 (02) 2265-1898
주　소 / 156-756 서울특별시 영등포구 국회대로 76길 18
전　화 / (02) 785-3121
팩　스 / (02) 780-7935
등　록 / 제　호
E-mail / sskoh@cau.ac.kr

저자와의 협의하에 인지생략

■ 이 책의 무단전제 또는 복제를 금합니다.

정가 **20,000**원

ISBN 978-89-97788-53-8